KB188513

六祖壇經

육조단경

구민 역해

學而思 | 학이사

목 차

서 문

도道는 비고 비어 말할 수 없고, 생각으로도 도저히 헤아릴 수 없으니 말 밖에 도道가 있음을 알면 그것이 깨달음의 경지다.

석가모니 세존께서 다자 탑에서 자리를 나눠 앉은 것이나 영산 회상에서 꽃을 든 것이나 빛을 빛으로 주는 것 같이 마음에서 마음으로 전하는 것이다.

무주무착無主無着의 아주 좋은 부처 씨앗을 진공眞空이란 기름진 밭에 심어니 무럭무럭 자라서 묘유妙有란 열매가 많이 맺히니 나눠 베풀었느니라. 선지식善知識들이여 아시겠느뇨?

六代 祖 거사는 머리를 깎고 법단에 올라 발타라 삼장이 미리 예언하신 대로 동산법문을 여시니 육조께서 명해선자로 하여금 그 말씀을 기록하게 하니 그 이름을 법보단경이라 한다.

불법佛法은 세상살이에 있는데 세상살이를 떠난 깨달음은 없음이니 삶 밖에서 보리를 찾으면 마치 토끼 뿔을 얻고자 함이고 없는 것을 있다 하니 삿된 것이 곧 세간이라 바르지 않은 것을 물리치면 보리 성품이 완연하리라.

이것이 바로 돈교며 또한 이름이 대법선大法船이니 어리석어서 부처님 말씀을 오랜 겁에 들어도 깨달으면 곧 찰나이니라. 그러하니 돈오頓悟는 부처요 점수漸修는 제자인데 이를 논하면 참으로 어리석은 자이니라.

말로는 비록 만 가지지만 이치에 합하면 도리어 하나로 돌아감이니 번뇌로 어두운 집에서는 항상 지혜의 햇빛을 낼지어다.

이 책이 출판되기까지 도서출판 학이사學而思 임직원 분들께 진심으로 감사 올립니다.

2015. 여름

마음수행원 구민 합장

原序
원서

古筠比丘 德異 撰
고균비구 덕이 찬

妙道虛玄 不可思議 忘言得旨 端可悟明
묘도허현 불가사의 망언득지 단가오명

도는 비고 비어 말할 수 없고,

생각으로도 도저히 헤아릴 수 없으니

말 밖에 도가 있음을 알면 그것이 깨달음의 경지다.

故 世尊 分座於多子搭前
고 세존 분좌어다자탑전

拈花於靈山會上 似火與火 以心印心.
염화어영산회상 사화여화 이심인심

세존께서 다자 탑에서 자리를 나눠 앉은 것이나

영산회상에서 꽃을 든 것이나.

빛을 빛으로 주는 것 같이

마음에서 마음으로 전하는 것이다.

西傳四七 至菩提達摩 東來此土 直指人心 見性成佛.
서전사칠 지보리달마 동래차토 직지인심 견성성불

도를 28번을 전하여 보리달마에 이르러
동쪽으로 오시어 마음을 바로 가리키니
성품을 깨우쳐 불도를 이루게 하셨다.

有可大師者 首於言下 悟入
유가대사자 수어언하 오입

末上三拜得髓 受依紹祖 開闡正宗
말상삼배득수 수의소조 개천정종

혜가대사가 처음으로 말씀을 깨우치고
마지막으로 스승께 삼배하고 가사를 전해 받으니
대사에 이어 옳은 법의 종지를 열어 밝히시다.

三傳而至黃梅會中 高僧七百
삼전이지황매회중 고승칠백

惟負舂居士 一偈傳依 爲六代祖.
유부용거사 일게전의 위육대조

세 번 전하여 황매회중에 이르러 고승 칠백이 있었지만 부용거사가 한 게송 읊어 가사를 전해 받으니 육대 조사가 되었다.

南遯十與年 一旦 以'非風幡動'之機 觸開印宗正眼
남돈십여년 일단 이 비풍번동 지기 촉개인종정안

남방으로 피신가 십여 년이 지난 어느 날
'바람으로 깃발이 움직이는 것이 아니다.' 라는 인연으로
광주 법성사의 주지인 인종의 눈을 뜨게 하였다.

居士 由是 祝髮登壇 應跋陀羅懸記 開東山法門
거사 유시 축발등단 응발타라현기 개동산법문

韋使君 命海禪者 錄其語 目之曰法寶壇經.
위사군 명해선자 록기어 목지왈법보단경

육대조 거사는 머리를 깎고 법단에 올라

발타라 삼장이 미리 예언하신 대로 동산법문을 여시고

육조께서 명해선자로 하여금 그 말씀을 기록하게 하니

그 이름을 법보단경이라 한다.

大師 始於五羊 終至曹溪 設法三十七年
대사 시어오양 종지조계 설법삼십칠년

霑甘露味 入聖超凡者 莫記其數,
점감로미 입성초범자 막기기수

육조께서 광주의 오양으로 시작하여 소주의 조계에 이르러

설법하신지 삼십 칠 년 동안 가르침의 은혜를 입어

깨달은 자는 그 수를 셀 수가 없고,

悟佛心宗 行解相應 爲大知識者 名載傳燈
오불심종 행해상응 위대지식자 명재전등

惟南嶽 靑原 執侍最久 盡得無巴鼻.
유남악 청원 집시최구 진득무파비

근본인 성품을 깨달아서 수행과 깨달음이 하나가 되어

큰 선지식자의 이름이 전등록에 있는데,

오직 남악과 청원이 가장 오래 모시었고

얻음이 없는 도리를 콧노래 하였다.

故 出馬祖石頭 機智圓明 玄風大振,
고 출마조석두 기지원명 현풍대진

그리고 마조와 석두를 배출하였는데
슬기가 뚜렷이 밝아서 풍취(종풍)를 크게 떨쳤으며,

乃有臨濟 潙仰 曹洞 雲門 法眼諸公 巍緣而出
내유임제 위앙 조동 운문 법안제공 외연이출
道德 歷群 門庭 險峻 啓迪英靈衲子
도덕 역군 문정 험준 계적영령납자
奪志衝關 一門深入.
탈지충관 일문심입

이에 임제 위앙 조동 운문 법안처럼 높은 이들이 나타나니
도와 덕을 베풀고 문중이 넓고 높아 신령스런 승려들을
본심으로 이끌며 모든 이들을 받아 들였다

五派同源 歷遍爐錘 規模 廣大
오파동원 역편로추 규모 광대
原其五家網要 盡出壇經.
원기오가강요 진출단경

다섯 문중의 근원이 같아 같이 수행하고 수도하는 규모가
크고 넓어나 그 다섯 문중의 근본 계통은 어디까지나
육조단경에서 나온 것이다.

夫壇經者 言簡義豊 理明事備
부단경자 언간의풍 이명사비
具足諸佛無量法門 一一法門 具足無量妙義
구족제불무량법문 일일법문 구족무량묘의

그러나 단경의 말은 간단하지만 뜻이 풍부하고
이치가 명백하여 도리를 다 갖추고 있으니
모든 부처님의 쉼 없는 법문을 모두 갖추었고
일체 법문은 끝없는 묘한 뜻을 두루 갖추었으니,

一一妙義 發揮諸佛無量妙理
일 일 묘 의 발 휘 제 불 무 량 묘 리
卽彌勒樓閣中 卽普賢毛孔中.
즉 미 륵 누 각 중 즉 보 현 모 공 중
일체 법문의 묘한 뜻에 모든 부처님의 쉼 없는 묘한 이치를
잘 나타내시니 이는 미륵부처님의 세상이고
보현보살의 깊고 깊은 마음이라.

善入者 卽同善財 於一念間 圓滿功德
선 입 자 즉 동 선 재 어 일 념 간 원 만 공 덕
與普賢等 如諸佛等.
여 보 현 등 여 제 불 등
옳은 길로 가는 자는 선재동자처럼 한 생각에
공덕이 원만하니 보현과 같으며 모든 부처님과 같으니라.

惜乎. 壇經 爲後人 節略 太多 不見六祖 大全之旨.
석 호 단 경 위 후 인 절 략 태 다 불 견 육 조 대 전 지 지
아쉽게도. 단경을 훗날 사람들이 너무 줄이므로써
육조의 본래 뜻을 알지 못하는구나.

德異幼年 嘗見古本 自後遍求 三十餘載 近得通上人
덕 이 유 년 상 견 고 본 자 후 편 구 삼 십 여 재 근 득 통 상 인

尋到全文 遂侃於吳中休休禪庵 與諸勝士 同一受用
심 도 전 문 수 간 어 오 중 휴 휴 선 암 여 제 승 사 동 일 수 용

내가 어린 시절에 일찍이 고본을 본 뒤로

30여 년을 두루 구했는데 근래에 통어른이

그 전문을 찾아왔기에 오중吳中의 휴휴선암에서

발간하여 모든 승사(계 사의 존칭)와 함께 수용하게 되었으니

惟願開卷擧目 直入大願覺海
유 원 개 권 거 목 직 입 대 원 각 해

續佛祖慧命無窮 斯余志願 滿矣.
속 불 조 혜 명 무 궁 사 여 지 원 만 의

원하거니 책을 열어 보면

바로 대원각해(본성을 바다에 비유)에 들어서

불조의 명맥을 이어 다함이 없기를 바라며

이것이 나의 본심으로 기원하고 만족한다.

至元二十七年庚寅歲仲春日 敍
지 원 이 십 칠 년 경 인 세 중 춘 일 서

지원 27년 경인년 중 춘일에 쓰다.

略序
약 서

門人 法海 撰
문 인 법 해 찬

大師 名 惠能. 父 盧氏 諱 行瑫 母 李氏.
대 사 명 혜 능 부 노 씨 휘 행 도 모 이 씨

육조 대사의 이름은 혜능.

아버지는 노 씨, 감옥을 지키는 간수고 어머니는 이 씨이다.

誕師於唐貞觀十二年戊戌二月八日子時
탄 사 어 당 정 관 십 이 년 무 술 이 월 팔 일 자 시

時 毫光 騰空 異香 滿室.
시 호 광 등 공 이 향 만 실

육조 혜능은

당나라 정관12년 무술년 2월 8일 자시에 태어나셨는데,

그때 백호 광명이 하늘에 뻗치고 기이한 향기가

방에 가득하였다.

黎明 有二異僧 造謁 謂師之父曰
여명 유이이승 조알 위사지부왈

"夜來生兒 專爲安名 可上惠下能也"
야래생아 전위안명 가상혜하능야

새벽에 이상한 두 스님이 찾아와서 대사의 아버지에게 말하기를

"밤에 태어난 아이의 이름은 오로지 편하게 앞의 자는 혜로,

뒷 자는 능으로 하시오." 하였다.

父曰
부왈

"何名惠能" 僧曰
하명혜능 승왈

"惠者 以法 惠施 衆生 能者 能作佛事"
혜자 이법 혜시 중생 능자 능작불사

言畢而出 不知所之.
언필이출 불지소지

아버지가

"어찌하여 혜능이라 합니까?"

라고 물으니 스님이 말씀하기를

"혜惠라는 것은 법으로써 중생에게 은혜를 베풀고,

능能이란 부처님의 행을 실천 하는 것을 말하는 것입니다."

하고 나갔는데 간 곳을 알 수가 없었다.

師不飮乳 遇夜 神人 灌以甘露.
사불음유 우야 신인 관이감로

대사가 젖을 먹지 아니하니

밤이면 신선이 와서 감로를 먹여 주었다.

旣長 年 二十有四 聞經悟道 往黃梅 求印可
기장 년 이십유사 문경오도 왕황매 구인가

자라서 나이 스물넷이 되었을 때

경 읽는 소리를 듣고 도를 깨달아

황매로 가서 여쭈어보니,

五祖 器之 付衣法 令嗣祖位 時 龍朔元年辛酉歲也.
오조 기지 부의법 영사조위 시 용삭원년신유세야

오조 대사가 알아보시고 가사와 법을 전하시며

조사의 법을 이어가게 하니,

때는 용삭 원년 신유 년(당 고종 12년) 이었다.

南歸隱遯 一十六年
남귀은둔 일십육년

至儀鳳元年丙子正月八日 會印宗法師 宗 悟契師旨
지의봉원년병자정월팔일 회인종법사 종 오계사지

남쪽으로 도망가 은둔하신지 16년

의봉 원년 병자년 정월 8일에 인종법사와 만났는데

인종이 대사의 종지를 깨우치니

是月十五日 普會四衆 爲師薙髮
시월십오일 보회사중 우사체발

二月八日 集諸名德 授具足戒.
이월팔일 집제명덕 수구족계

이달 15일에 사부 대중을 널리 모아서 육대조의 머리를 깎고

2월 8일에 여러 이름 있는 대덕스님들이 구족계를 주시었다.

西京智光律師 爲授戒師
서 경 지 광 율 사 위 수 계 사

蘇州慧靜律師 爲羯磨
소 주 혜 정 율 사 위 갈 마

形州通應律師 爲敎授
형 주 통 응 율 사 위 교 수

서경의 지광율사가 수계사가

소주의 혜정율사는 갈마사가

형주의 통응율사가 교수사가

中天耆多羅律師 爲說戒
중 천 기 다 라 율 사 위 설 계

西國密多三藏 爲證戒.
서 국 밀 다 삼 장 위 증 계

중천축의 기다라율사는 설계사가

서국의 밀다삼장은 증계사證戒師가 되었다.

具戒檀 乃宋朝求那跋陀羅三藏
기 계 단 내 송 조 구 나 발 타 라 삼 장

創建立碑曰後當有肉身菩薩 於此受戒
창 건 입 비 왈 후 당 유 육 신 보 살 어 차 수 계

그 구족 계단은 송나라 때의 구나발다라 삼장이

처음 비를 세우며

“후일에 육신보살이 여기에서 계를 받을 것이다.” 하였다.

又梁天監元年 智藥三藏
우 양 천 감 원 년 지 약 삼 장

自西竺國 航海而來
자 서 축 국 항 해 이 래

將彼土菩提樹一株 植此檀畔
장 피 토 보 리 수 일 주 식 차 단 반

또 양나라 천감 원년(서기 502년)에 지약삼장이

서축국(서인도)으로부터 바다를 건너와서

그 땅에서 가져온 보리수 한 그루를 도량에 심으시며

亦預誌曰後一百七十年 有肉身菩薩
역 예 지 왈 후 일 백 칠 십 년 유 육 신 보 살

於此樹下 開演上乘 度無量重 眞傳佛心印之法主也
어 차 수 하 개 연 상 승 도 무 량 중 진 전 불 심 인 지 법 주 야

미리 예언하기를

“170년 뒤에 육신보살이 이 나무 아래에서

좋은 법으로 설법하고 쉼 없이 대중을 제도할 텐데

언제나 부처님의 정법을 전하는 법의 주인이시다.” 하시더니

師 至是 祝髮受戒 及與四衆
사 지시 축발수계 급여사중

開示單傳之法旨 一與昔讖.
개 시 단 전 지 법 지 일 여 석 참

육대조가 이곳에서 비로소 머리를 깎고 계를 받고

또 사부대중과 함께 단전의 법지를 열어 보이시니

변함없이 예전에 예언하신 바와 꼭 같았다.

單傳 : 깨달음은 언어나 문자로 전할 수 없고 마음으로 전할 수밖에 없다는 뜻

次年春 師 辭衆 歸寶林 印宗 與緇白 送者 千餘人.
차년춘 사 사중 귀보림 인종 여치백 송자 천여인

다음해 봄에 대사가 대중과 헤어져 보림사로 돌아가시니
인종화상이 재가자 출가자 등 천 여명이 함께 전송하였다.

直至曹溪 時 荊州通應律師 與學者數百人 依師而住.
직지조계 시 형주통응율사 여학자수백인 의사이주

조계산으로 가시어 그 때 형주의 통응율사가
학인 수백 명과 함께 대사를 스승으로 삼아 머물렀다.

師 至曹溪寶林 覩堂宇湫隘 不足容衆
사 지조계보림 도당우초애 부족용중

欲廣之 遂謁里人陳亞仙曰 老僧 欲就檀越
욕광지 수알리인진아선왈 노승 욕취단월

求坐具地 得不
구좌구지 득불

대사가 조계산의 보림사에 가보니 도량이 너무 좁아
대중을 수용하기엔 부족함을 보시고는 넓히시려고,
마을 사람인 진아 선을 찾아가 만나 말씀하시길
"노승이 단월에게 이르러 앉을 만한 땅을 구하는데
얻을 수 있겠습니까?" 하시니

仙 曰 和尚坐具 幾許闊 祖出坐具
선 왈 화상좌구 기허활 조출좌구

示之 亞仙 唯然 祖以坐具
시지 아선 유연 조이좌구

一展 盡蓋曹溪四境 四天王 現身 坐鎭四方.
일전 진개조계사경 사천왕 현신 좌진사방

진아선이 말하기를

"화상의 방석이 얼마나 넓습니까?" 하므로

조사가 방석을 내어 보이시자 진아선이 허락하므로

조사가 방석을 펴니 조계의 사방경계를 다 덮었는데

사방에 사천왕이 몸을 나투어 앉았다.

今寺境 有天王嶺 因茲而名.
금사경 유천왕령 인자이명

지금 사찰 경내에 있는 천왕령은

이때의 일로 붙여진 이름이다.

仙 曰 知和尙 法力 廣大 但吾高祖 墳墓 竝在此地
선 왈 지화상 법력 광대 단오고조 분묘 병재차지

他日造塔 幸望存留 餘願盡捨 永爲寶坊.
타일조탑 행망존류 여원진사 영위보방

然 此地 乃生龍白象來脈 只可平天 不可平地.
연 차지 내생룡백상래맥 지가평천 불가평지

寺後營建 一依其言.
사후영건 일의기언

진아선이 말하기를

"화상의 법력이 크고 넓으신 것을 알겠습니다마는 저의 고조의 분묘가 이 땅에 있으니 후일 사찰을 지으시더라도 그대로 남겨두실 것을 바라며 나머지는 원 대로 모두 드리니 영원히 절터로 삼으시기 바랍니다. 그러나 이 땅은 생룡(살아있는 용)과 백상(흰 코끼리)이 뻗어 내린 맥이므로, 높고 낮은 데로 지을지언정 땅을 깎아 평평하게 하여 짓지는 마십시오."

하였기에 뒤에 절을 지을 때 한결같이 그 말대로 하였다.

師遊境內 山水勝處 輒憩止 遂成蘭若
사 유 경 내 산 수 승 처 첩 게 지 수 성 난 야

一十三所 今曰花果院 隸籍寺門.
일 십 삼 소 금 왈 화 과 원 예 적 사 문

대사가 경내를 다니시다가

산수가 뛰어난 곳에 번번이 머물러 쉬시다가

13개의 난야(수행처소)를 세우셨는데

오늘날 화과원이라는 이름으로 절 문에 써 놓은 곳이다.

玆菩林道場 亦先是西國智藥三藏
자 보 림 도 장 역 선 시 서 국 지 약 삼 장

自南海 經曹溪口 菊水而飮 香美異之
자 남 해 경 조 계 구 국 수 이 음 향 미 이 지

謂其徒曰此水 與西天之水 無別 溪源上
위 기 도 왈 차 수 여 서 천 지 수 무 별 계 원 상

必有勝地 堪爲蘭若, 隨流至源上
필 유 승 지 감 위 난 야 수 류 지 원 상

四顧 山水 回環 峯巒 寄秀 歎曰宛如西天寶林山也
사 고 산 수 회 환 봉 만 기 수 탄 왈 완 여 서 천 보 림 산 야

이 보림도량은 역시 이보다 앞서 서국(인도)의 지약삼장이

남해로부터 와서 조계의 어귀를 지날 때에,

물을 한 모금 마시고 향기로운 맛을 이상히 여기어

그 제자에게 일러 말씀하시길

"이 물이 서천의 물과 다르지 않으니 시냇물 상류에는
반드시 뛰어난 땅이 있을 것이고 도량을 세울수 있다." 하시며,
흐르는 물을 따라가 올라가서 사방을 둘러보니 산과 물이 감아
돌고 산봉우리가 매우 빼어났으므로 감탄을 하며 말씀하시길
"완연히 서천의 보림과 같구나." 하시며

乃謂曹侯村居民曰可於此山 建一梵刹
내 위 조 후 촌 거 민 왈 가 어 차 산 건 일 범 찰

一百七十年後 當有無上法寶 於此演化
일 백 칠 십 년 후 당 유 무 상 법 보 어 차 연 화

得道者 如林 宜號寶林.
득 도 자 여 림 의 호 보 림

조후촌의 사람들에게
"이 땅에 절을 하나 지으시오.
170년 뒤에는 위없는 법을 이곳에서 설하고 교화하며
도를 얻는 자가 수없이 많을 것이니
응당 보림이라 이름 하십시요." 하셨다.

時 韶州牧侯敬中 以其言 具表聞奏 上
시 소 주 목 후 경 중 이 기 언 구 표 문 진 상

可其請 賜寶林爲額 遂成梵宮 落成於梁天監三年.
가 기 청 사 보 림 위 액 수 성 범 궁 낙 성 어 양 천 감 삼 년

그때 소주 목사 후경준은 그 말씀을 기록하여 왕에게 올리니
임금이 그 청을 옳게 보고 보림이라는 현판을 하사 하시니
절을 지었는데 양나라 천감 삼년(서기 503년)에 준공 하였다.

寺殿前 有潭一所, 龍 常出沒其間 觸櫪林木
사전전 유담일소 용 상출몰기간 촉려림목

一日 現形甚巨, 波浪 洶涌 雲霧 陰翳 徒衆 皆懼
일일 현형심거 파랑 흉용 운무 음예 도중 개구

절의 전각 앞에 못이 하나 있는데,

용이 언제나 출몰하여 숲의 나무를 흔들어

꺾어 놓곤 하였는데 어느 날은 아주 큰 형상으로 나타나며,

물결이 솟아오르고 구름과 안개가 자욱하게 덮이어

대중들이 모두 두려워하므로

師 叱之曰爾只能現大身 不能現小身
사 질지왈이지능현대신 불능현소신

若爲神龍 當能變化 以小現大 以大現小也
약위신용 당능변화 이소현대 이대현소야

대사가 꾸짖으시며,

"네가 큰 몸으로만 나타날 수 있지 작은 몸으로는

나타낼 수 없는 모양이구나. 만약 신령스런 용이라면

마땅히 변화하여 작은 몸을 크게 나타내고

큰 몸을 작게 나타낼 수 있을 것이니라." 하시니

其龍 忽沒 俄頃 復現小身 躍出潭面
기용 홀몰 아경 복현소신 약출담면

師展鉢試之曰 爾且不敢入老僧鉢盂裏 龍乃游揚至前
사전발시지왈 이차불감입노승발우리 용내유양지전

그 용이 갑자기 사라졌다가 조금 있으니

다시 작은 몸으로 나타나 못 위에 뛰어 나오므로,

대사가 발우를 펴 보이시면서
"네가 감히 노승의 발우 속에는 들지 못할 것이다." 하시니
용이 나르다시피 헤엄쳐 앞에 이르므로

師以鉢 舀之 龍 不能動 師 持鉢上堂
사 이 발　요 지　용　불 능 동　사　지 발 상 당

與龍說法 龍 遂蛻骨而去.
여 룡 설 법　용　수 태 골 이 거

대사가 발우에 담으시니 용이 움직이지 못하였다.
대사가 발우를 법당에 가지고 가서 용을 위하여
설법을 하시니 용이 마침내 뼈를 벗고 사라졌다.

其骨長 可七寸 首尾角足 皆具 留傳寺門
기 골 장　가 칠 촌　수 미 각 족　개 구　유 전 사 문

師 後 以土石 堙其潭
사　후　이 토 석　인 기 담

今殿前左側 有鐵塔鎭處 是也.
금 전 전 좌 측　유 철 탑 진 처　시 야

그 뼈의 길이가 칠촌, 머리와 꼬리와 뿔과 발이
모두 갖추어져 있었다는 것이 절에 전해져 오고 있다.
대사가 후에 흙과 돌로 그 못을 메우셨는데
지금의 전각 앞 좌측에 철탑으로 누른 곳이 바로 그 곳이다.

1. 行由品
행 유 품

時 大師 至寶林 韶州韋刺史 與官僚 入山
시 대사지보림 소주위자사 여관료 입산

請師出於城中大梵寺講堂
청사출어성중대범사강당

爲衆開緣 說 摩訶般若波羅密法
위중개연 설 마하반야파라밀법

때에 대사께서 보림으로 가니 소주의 어른들과 모든 이들이 찾아와서 대사께 대범사에 모인 대중들의 인연이 마하반야바라밀법을 듣고자 청하므로

師 升座次 勅使官僚三十餘人 儒宗學士
사 승좌차 칙사관료삼십여인 유종학사

三十餘人 僧尼道俗一千餘人 同時作禮 願聞法要
삼십여인 승니도속일천여인 동시작례 원문법요

대사께서 자리에 오르니 칙사와 관료 30여 명, 유교 선비 30여 명과 부처님 법을 공부하는 이와 부처님 법을 닦는 속인 등 천 여명이 다 같이 절을 하며 예를 갖추고 법문 듣기를 원하므로

大師 告衆曰. 善知識 菩提自性 本來淸淨
대사 고중왈 선지식 보리자성 본래청정

但用此心 直了成佛 善知識
단용차심 직료성불 선지식

且廳惠能 行由 得法事意.
차청혜능 행유 득법사의

대사가 대중에게 말씀하셨다.

선지식이란

스스로 가지고 있는 성품이 본래 맑고 깨끗한 것이며

올바로 깨달은이가 선지식이니

이 마음을 올바로 행하면 깨달음을 얻는다.

能 嚴父 本貫 范陽, 左降 流于嶺南 作新州百姓.
능 엄부 본관 범양 좌강 유우영남 작신주백성

此身 不幸 父又早亡 老母孤遺, 後來南海 艱辛貧乏
차신 불행 부우조망 노모고유 후래남해 간신빈핍

내 선친은 본관이 범양인데, 좌천되어 영남으로 내려가 신주의 백성이 되셨다. 이 몸이 불행하여 아버지께서 일찍 돌아가시고 늙은 어머니와 외롭게 남았는데, 뒤에 남해로 와서 가난한 살림에 쪼들리게 고생 하며

於市 賣柴, 時 有一客 買柴 使令送至客店
어시 매시 시 유일객 매시 사령송지객점

客 收去 能 得錢 却出門外
객 수거 능 득전 각출문외

見一客 誦經. 能 一聞經
견일객 송경 능 일문경

시장에서 나무를 파는데, 어느 날 한 손님이 나무를 사서
객점으로 갖다 달라 하므로 손님에게 갖다 드리고 돈을 받아서
문밖으로 나오다가 어떤 이가 경 외우는 것을 보게 되었다.
내가 경을 잠깐 들으니

云<應無所住而生其心> 心卽開悟 遂問 客誦何經.
운 응무소주이생기심 심즉개오 수문 객송하경

客 曰金剛經. 復問 從何所來 持此經典.
객 왈금강경 복문 종하소래 지차경전

읽는 소리가 언제나 얽매이지 않는 그 마음이라야 하므로
바로 깨달아 "손님에게 무슨 경을 외우고 계십니까?" 라고
물었더니 손님이 "금강경입니다" 하시므로, 다시 묻기를
"어느 곳에서 오셨는데 이 경전을 지니고 계십니까?"

客云我 從蘄州黃梅懸東禪寺客來.
객운아 종기주황매현동선사객래

其寺 是五祖忍大師 在彼主化 門人 一千有餘.
기사 시오조인대사 재피주화 문인 일천유여

我到彼中 禮拜 聽受此經.
아도피중 예배 청수차경

손님이 말씀하시기를
"나는 기주의 황매현 동선사에서 왔습니다.
그 절에는 오대조인 홍인 대사가 계시면서
가르침을 펴는데 문인이 천여 명이나 됩니다.
제가 가서 예배하고 이 경을 듣고 받아 왔습니다.

大師 常勸僧俗 '但持金剛經 卽自見性 直了成佛'
대사 상권승속 단지금강경 즉자견성 직료성불

能 聞說 宿昔有緣 乃蒙一客 取銀十兩 與能
능 문설 숙석유연 내몽일객 취은십양 여능

대사께서는 항상 승속僧俗인들에게 권하시기를,

'다만 금강경을 받아 올바로 깨달으면 스스로 견성한다' 고 말씀하셨습니다." 이 말을 듣고 숙세에 인연이 있었는지

그 손님이 은 열 냥을 나에게 주시면서

令充老母衣糧 教便往黃梅 禮拜五祖
영충노모의량 교편왕황매 예배오조

能 安置母畢 卽便辭親
능 안치모필 즉편사친

不經三十餘日 便至黃梅. 禮拜五祖
불경삼십여일 변지황매 예배오조

노모 옷과 양식을 마련해 놓고 바로 황매에 가서 오조께 예배하라 하시므로 나는 어머니를 편히 모셔놓고 하직하여

30 여일이 못되어 황매에 이르러. 오조께 예배하니

問曰 汝何方人 欲求何物.
문왈 여하방인 욕구하물

能 對曰弟子 是嶺南新州百姓
능 대왈제자 시령남신주백성

遠來禮師 惟求作佛 不求餘物. 祖言
원래예사 유구작불 불구여물 조언

네게 묻기를 "너는 어디 살며 무엇을 얻고자 하는고?" 하시기에

내가 대답하기를 "저는 영남의 신주에 살면서 멀리 와서 어른께

예배드리는 것은 오직 부처되기 원할 뿐 다른 것을 얻으려 하지 않습니다." 하니 대사께서 말씀하시기를

汝是 嶺南人 又是獦獠 若爲堪作佛.
여시 영남인 우시갈료 약위감작불

"네가 영남 사람이라면 곧 오랑케인데 어떻게 부처되길 원하느냐?" 하시므로

能 曰人
능 왈인

雖有南北 佛性本無南北 獦獠身與和尚
수유남북 불성본무남북 갈요신여화상

不同 佛性 有何差別.
부동 불성 유하차별

저가 말씀드리길 "비록 남북이 있다 해도, 불성에는 본래 남북이 없는데. 오랑케의 몸이 화상과 같지 않다면 불성에 무슨 차별이 있나이까?" 하였더니

五祖 更欲與語 且見徒衆 總在左右 乃令隨衆作務.
오조 갱욕여어 차견도중 총재좌우 내령수중작무

惠能曰 啓和尚 弟子自心 常生智慧 不離自性
혜능왈 계화상 제자자심 상생지혜 불리자성

오조께서 다시 말씀을 하시려다가 대중들이 좌우에 있음을 보시고 바로 "대중을 따라가서 일이나 하라." 하시므로 제가 말하기를 "화상께 여쭙겠습니다. 스스로 편한 마음으로 변함없는 성품이 지혜며

卽是福田 未審和尙 敎作何務.
즉시복전 미심화상 교작하무

祖 云這獦獠 根性 大利 汝更勿言 著槽廠去.
조 운저갈료 근성 대리 여갱물언 착조창거

能 退至後院
능 퇴지후원

이를 복전이라 하는데, 화상께서는 무슨 일을 하라 하십니까?"

하였더니 오조가 말씀하시기를 "건방진 습성을 가졌구나.

헛소리 하지 말고 방앗간에나 가 있어라." 하시었다.

내가 물러 나와 뒤뜰로 가니

有一行者 差能 破柴踏碓,
유일행자 차능 파시답대

經八月餘 祖 一日 忽見能曰吾 思汝之見
경팔월여 조 일일 홀견능왈오 사여지견

可用 恐有惡人 害汝 遂不與汝言
가용 공유악인 해여 수불여여언

있든 행자가 나에게 나무를 쪼개고 방아를 찧게 하였는데,

8개월 정도가 지나서 어느 날 오조가 나를 보고 말씀하시기를

"내가 너의 견해가 쓸 만한 것으로 생각했으나 주변 사람들이

너를 해칠까 염려하여 결국은 너와 말하지 못하였는데

汝知之否. 能 曰弟子 亦知師意
여지지부 능 왈제자 역지사의

不敢行至堂前 令人不覺.
불감행지당전 영인불각

祖 一日 喚諸門人 總來 吾向汝說.
조 일일 환제문인 총래 오향여설

아느냐?" 하시므로
"제자도 역시 대사님의 뜻을 알았으므로 함부로 대사님 방 앞에 나가지 않았으며 사람들이 모르게 행동 하였습니다."
라고 말씀드렸다.
오조께서 하루는 문중사람 들을 다 모이게 하여
"내가 너희들에게 설하리라.

世人 生死事大 汝等 終日只求福田
세인 생사사대 여등 종일지구복전

不求出離生死苦海 自性 若迷 福何可救.
불구출리생사고해 자성 약미 복하가구

사람들에게는 나고 죽는 일이 큰데 너희들은 언제나 온종일 복만 구하고 생사의 고해에서 벗어나는 일은 찾지 않는구나. 자성이 만일 미혹하다면 복만으로 정녕 구원할 수 있겠느냐.

汝等 各去 自看智慧 取自本心般若之性
여등 각거 자간지혜 취자본심반야지성

各作一偈 來吾呈看.
각작일게 내오정간

너희들은 각자 가서 스스로 지혜를 살펴보고 자기 본심인 반야 성품의 경지를 각자 게송을 하나씩 지어서 내가 볼 수 있도록 하라.

若悟大意 付汝衣法 爲弟六代祖 火急速去 不得遲滯.
약오대의 부여의법 위제육대조 화급속거 부득지체

만일 크게 깨달았으면 누구든 가사와 법을 전하여 제 육대조로 삼으리니 어서 빨리 돌아가라. 빨리…

思量 卽不中用. 見性之人 言下 須見.
사량 즉불중용 견성지인 언하 수견

생각으로 헤아려 얽매이지 않은 게송 한마디는
틀림없이 견성한 사람이다.

若如此者 輪刀上陣 亦得見之.
약여차자 윤도상진 역득견지

만일 이와 같은 사람은 죽고 사는 전쟁터에서도 역시 변함없는 깨달음을 볼 수 있을 것이다." 하셨느니라.

衆得處分 退而滯相謂曰 我等衆人
중득처분 퇴이체상위왈 아등중인

不須澄心 用意作偈 將呈和尙 有何所益.
불수징심 용의작게 장정화상 유하소익

대중이 말씀을 듣고 나와서 수군거리며 말하기를
"우리가 마음을 깨끗한 생각으로 게송을 지어
화상에게 올린들 무슨 이익이 있겠는가?

神秀上座 現爲敎授師 必是他得
신수상좌 현위교수사 필시타득

我輩 曼作偈頌 枉用心力.
아배 만작게송 왕용심력

餘人 聞語 總皆息心 咸言
여인 문어 총개식심 함언

신수 상좌가 현재 교수사니 분명 이분이 그것을 받을 것인데 모두가 부질없이 게송을 짓는 것은 마음고생만 할 뿐이다." 하므로 사람들이 이 말을 듣고 모두 다 마음 놓고 말하기를

我等 已後 依止秀師 何煩作偈.
아등 이후 의지수사 하번작게

神秀 思惟 諸人 不呈偈者 爲我與他
신수 사유 제인 불정게자 위아여타

爲教授師 我須作偈 將呈和尙.
위교수사 아수작게 장정화상

"우리는 이후에 신수에게 의지할 것인데 어찌 번거롭게 게송을 지으리오." 신수가 생각하기를 '사람들이 게송을 올리지 않는 것은 내가 저희들의 교수사가 된 때문이니 내가 모름지기 게송을 지어서 스승에게 올려야겠다.

若不呈偈 和尙 如何知我心中 見解深淺.
약불정게 화상 여하지아심중 견해심천

我呈偈意 求法卽善 覓祖卽惡 却同凡心
아정게의 구법즉선 멱조즉악 각동범심

奪其聖位 奚別.
탈기성위 해별

만일 게송을 올리지 않으면 스승께서 어찌 내 마음속의 견해가 깊은지 옅은지를 아시겠는가? 내가 게송을 올리려는 뜻은 법을 구하는 것이니 좋은 일이고 조사의 자리를 얻는데 있다면 나쁜 일이며 도리어 범부의 마음과 같아서 그 성인의 지위를 빼앗음과 무엇이 다른가?

若不呈偈 終不得法 大難大難.
약불정게 종불득법 대난대난

만일 게송을 올리지 않으면 결국은 법을 얻지 못할 것이니 참으로 어렵고도 어려운 일이로구나' 하였다.

五祖堂前 有步廊三間 擬請供奉盧珍 畵楞伽經變相
오조당전 유보랑삼간 의청공봉노진 화릉가경변상

及五祖血脈圖 流傳供養.
급오조혈맥도 유전공양

오조의 방 앞에는 복도가 세 칸 있었는데,
공봉인 노진을 청하여 능가경의 변상도와
오조의 혈맥 도를 그려서 후대에 전하여 내려가며
공양하게 하도록 하려는 중이었다.

* 공봉 : 재주와 기예가 있는 사람에게 준 벼슬 이름

神秀 作偈成已 數度欲呈 行至堂前 心中恍惚
신수 작게성이 수도욕정 행지당전 심중황홀

遍身汗流 擬呈不得 前後經四日 一十三度 呈偈不得.
변신한유 의정불득 전후경사일 일십삼도 정게불득

신수가 게송을 바치려고 여러 번 방 앞에까지 갔었는데 마음이 황홀하고 온 몸에 땀이 흐르는지라 올리려는 생각을 못 내어 전후 4일 동안 열 세 번이나 게송을 바치지 못하였다.

秀乃思惟 不如向廊下書着 從他和尙 看見 忽若道好
수내사유 불여향랑하서착 종타화상 간견 홀약도호

卽出禮拜 云是秀作.
즉출예배 운시수작

신수가 이에 생각하기를
'복도 아래에다 적어두는 것이 차라리 낫겠다.
화상이 다니시다가 보시고, 만일 좋다고 말씀하시면
곧 나아가 예배하며, 이 신수가 지었다고 말씀드려야겠다.

若道不堪 枉向山中 數年 受人禮拜 更須何道
약도불감 왕향산중 수년 수인예배 갱수하도

是夜三更 不使人知 自執燈
시야삼경 불사인지 자집등

書偈於南廊壁間 呈心所見.
서게어남랑벽간 정심소견

만일 마땅치 못하다고 말씀하시면 헛되이 산중에 들어와서 여러 해 동안 다른 사람들의 예배만 받은 것이니 다시 무슨 도를 닦겠다고 하겠느냐' 하며 이날 밤 삼경에 다른 사람들이 알지 못하도록 직접 등을 잡고 남쪽 복도의 벽 사이에 게송을 써서 마음의 소견을 바쳤다.

偈 曰,
게 왈

身是菩提樹, 心如明鏡臺.
신시보리수 심여명경대

時時勤拂拭, 勿使惹塵埃.
시시근불식 물사야진애

게송에 이르기를,
몸이 곧 보리 나무요, 마음은 밝은 거울이니.
언제나 부지런히 털고 닦아서,
티끌과 먼지가 끼지 않도록 할지어다. 하였다.

秀 書偈了 便却歸房 人總不知, 秀復思惟
수 서게료 편각귀방 인총부지 수복사유

신수가 게송을 쓰고 바로 방에 돌아왔으니 다른 이는 모두 알지 못하였다, 신수가 다시 생각해 보니

五祖 明日 見偈歡喜 卽我與法有緣
오조 명일 견게환희 즉아여법유연

若言不堪 自是我迷 宿業障重 不合得法 聖意難測.
약언불감 자시아미 숙업장중 불합득법 성의난측

'스승이 다음 날 게송을 보고 기뻐하면 법과 내가 인연이 있고
만일 반야에 이르지 못했다 하면 나 자신이 미혹한 것이며
숙세의 업장이 두꺼워 법을 얻지 못하는 것이니
성인의 뜻을 알기가 어렵다.' 하며

房中思想 坐臥不安 直至五更 祖
방중사상 좌와불안 직지오갱 조

已知神秀 入門未得 不見自性.
이지신수 입문미득 불견자성

방에서 이런 저런 생각에 앉았다가 누웠다가 불안해하는데
바로 오경이 되었고, 조사께서는 신수가 자성을 알지 못하여
문으로 들어오지 못하는 걸 이미 아셨다.

天明 祖 喚盧供奉來 向南廊壁間
천명 조 환노공봉래 향남랑벽간

繪畵圖相 忽見其偈,
회화도상 홀견기게

報言供奉 却不用畵 勞爾遠來.
보언공봉 각불용화 노이원래

날이 밝자 오조께서 노 공봉을 불러 남쪽 복도 벽에 그림을
그리게 하려다가 문득 그 게송을 보고 공봉에게 말씀하기를,
"이제 그림을 그리지 않아도 될 것이네.
그대가 멀리 오느라 수고하시었네.

經 云 凡所有相 皆是虛妄 但留此偈
경 운 범소유상 개시허망 단류차게

與人誦持 依此偈修 免墮惡道 依此偈修 有大利益.
여인송지 의차게수 면타악도 의차게수 유대이익

경에 이르기를 '무릇 모양 있는 건 모두 다 허망하다.' 하였으니
이 게송을 사람들에게 외우고 지니게 하겠네.
이 게송을 믿고 닦으면 악도에 떨어짐을 면하고,
이 게송을 믿고 닦으면 큰 이익이 있을 것일세." 하시고는

令門人 炷香禮敬, 盡誦此偈 卽得見性
영문인 주향예경 진송차게 즉득견성

門人 誦偈 皆歎善哉.
문인 송게 개탄선재

祖 三更 喚秀入堂 問曰 偈是汝作否.
조 삼경 환수입당 문왈 게시여작부

있는 사람으로 하여금 향을 올리게 하고 예경하게 하며,
"이 게송을 잘 외우면 곧 견성하게 되느니라." 하시니
문인들이 이 게송을 외우며 모두가 훌륭하다고 찬탄하였다.
오조께서 삼경에 신수를 방으로 오라 하여
"게송을 네가 지었느냐?" 라고 물으시니

秀言實是秀作 不敢妄求祖位. 望和尚 慈悲 看.
수언실시수작 불감망구조위 망화상 자비 간

弟子 有少智慧否, 祖 曰.
제자 유소지혜부 조 왈

汝作此偈 未見本性. 只到門外
여작차게 미견본성 지도문외

신수가 말하기를 "실로 제가 지었으나 감히 망령스럽게 조사의 지위를 구하는 것은 아닙니다. 바라옵건대 화상께서는 자비로 살펴주십시오. 제자에게 조그마한 지혜라도 있습니까?" 하니, 오조께서 말씀하셨다. "네가 지은 이 게송은 본성을 보지 못하고. 다만 문 밖에 이르렀을 뿐

未入門內. 如此見解 覓無上菩提 了不可得.
미입문내 여차견해 멱무상보리 요불가득

無上菩提 須得言下 識自本心 見自本性 不生不滅
무상보리 수득언하 식자본심 견자본성 불생불멸

문 안에는 들지 못한 것이니. 이와 같은 견해로는 위없는 보리를 아무리 찾아도 얻을 수 없으니. 위없는 보리는 모름지기 말로서 얻을 수 없고 자기의 본심을 알고 자기의 본성이 나지도 않고 없어지지도 않는 것임을 알아서

於一切時中 念念自見萬法無滯
어일체시중 염념자견만법무체

一眞 一切眞 萬境 自如如.
일진 일체진 만경 자여여

如如之心 卽是眞實 若如是見
여여지심 즉시진실 약여시견

어느 때라도 만법에 얽매이지 않고 하나가 참되면 일체가 참되어

만 가지 경계가 스스로 변함이 없는 것
영원불변임을 한결 같이 봐야 한다.
변함없는 마음이 곧 진실이니
만일 이와 같이 본다면

卽是無上菩提之自性也.
즉 시 무 상 보 리 지 자 성 야

汝且去 一兩日思惟 更作一偈 將來吾看.
여 차 거 일 양 일 사 유 갱 작 일 게 장 래 오 간

汝偈 若入得門 付汝衣法.
여 게 약 입 득 문 부 여 의 법.

이것이 바로 위없는 보리의 자성이니라.
너는 가서 하루 이틀 더 생각해 보고
게를 다시 지어 나에게 가져와 보여라.
너의 게가 만일 문에 들어 왔으면
너에게 가사와 법을 맡기겠노라."

神秀 作禮而出 又經數日 作偈不成
신 수 작 례 이 출 우 경 수 일 작 게 불 성

心中 恍惚 神思不安
심 중 황 홀 신 사 불 안

猶如夢中 幸坐不樂.
유 여 몽 중 행 좌 불 락

신수가 예를 갖추고 물러나와 며칠을 보내면서 게를 짓지 못해
마음이 혼란하고 정신과 생각이 불안하여
마치 꿈속과 같고 앉거나 움직임이 편치 못하였다

復兩日 有一童子 於碓坊過 唱誦其偈
부양일 유일동자 어대방과 창송기게

能 一聞 便知此偈 未見本性.
능 일문 변지차게 미견본성

雖未蒙教授 早識大意
수미몽교수 조식대의

다시 이틀이 지난 뒤에 동자 하나가 방앗간을 지나면서
그 게송을 소리 내어 외우기에 내가 한번 들어보니
이 게송은 본성을 보지 못한 것이었다.
비록 가르침은 받지 못하였으나 이미 큰 뜻을 알았기에

遂問童子曰誦者, 何偈 童子 言 爾這獦獠 不知.
수문동자왈송자 하게 동자 언 이저갈료 부지

大師 言 世人 生死事大 欲得傳付衣法 令門人
대사 언 세인 생사사대 욕득전부의법 영문인

동자에게 묻기를, "외우는 것이 무슨 게송입니까?" 하니
동자가 말하기를 "너 이 오랑캐야 그것도 모르느냐."
대사께서 말씀하시기를 '세상 사람들은 나고 죽는 일이 크니
가사와 법을 부탁하여 전하려 한다.' 하시며 사람들로 하여금

作偈來看.
작게래간

若悟大意 卽付衣法 爲第六祖.
약오대의 즉부의법 위제육조

神秀上座 於南廊壁上 書無相偈
신수상좌 어남랑벽상 서무상게

大師 令人, 皆誦此偈.
대사 영인 개송차게

‘게송을 지어 와서 보여라. 만약 큰 뜻을 깨달았으면
바로 가사와 법을 부탁하고 제 육조를 삼으리라.’
하셨기에 신수상좌가 남쪽 복도의 벽 위에
무상 게를 쓰셨는데 대사가 사람들에게 “모두 이 게송을 외워라.

依此偈修 免墮堊道 依此偈修有大利益,
의 차 게 수 면 타 악 도 의 차 게 수 유 대 이 익

惠能曰 上人 我此踏碓 八箇餘月
혜 능 왈 상 인 아 차 답 대 팔 개 여 월

未曾行到堂前 望上人
미 증 행 도 당 전 망 상 인

이 게송을 의지하여 닦으면 악도에 떨어지는 것을 면하고
큰 이익이 있으리라”라고 말씀하셨다. 하므로,
내가 말하기를 “스님, 내가 이 방아를 밟은 지가
8개월이 되었지만 아직도 방 앞에 가 보지 못하였으니 스님께서

引至偈前 禮拜. 童子 引至偈前 作禮,
인 지 게 전 예 배 동 자 인 지 게 전 작 례

能 曰能 不識字 請上人 爲讀.
능 왈 능 불 식 자 청 상 인 위 독

時 有江州別駕 姓 張 名 一用
시 유 강 주 별 가 성 장 명 일 용

게송 앞으로 인도해서 예배할 수 있도록 해주시기 바랍니다.”
하였더니 동자가 게송 앞에 이르러서 예배하게 하므로,
내가 말하기를 “능은 문자를 알지 못하니
청컨대 어른께서 읽어주십시오.” 하였다.

그때에 강주의 별가(자사의 다음벼슬) 성은 장이요,
이름은 일용인데

便高聲讀 惠能 聞已 遂言,
편고성독 혜능 문이 수언

亦有一偈 望別駕 爲書.
역유일게 망별가 위서

別駕 言 獦獠汝亦作偈 其事 希有.
별가 언 갈료여역작게 기사 희유

能 啓別駕言
능 계별가언

문득 크게 읽기에 내가 듣고서 말하기를,

"내게도 게偈가 하나 있으니 별가께서 써 주시기 바랍니다."

하였더니 별가가 말하기를

"오랑캐야, 너도 게송을 짓겠다하니 그 일이 희유하구나."

하므로, 내가 별가에게 말하기를

欲學無上菩提 不得輕於初學
욕학무상보리 부득경어초학

下下人 有上上智 上上人 有沒意智
하하인 유상상지 상상인 유몰의지

若輕人 卽有無量無邊罪.
약경인 즉유무량무변죄

"위없는 보리를 배우고자 하는데

처음 배우는 사람이라고 가볍게 여기지 마십시오.

낮고 낮은 사람이라도 높고 높은 지혜가 있을 수 있고,

높고 높은 사람이라도 생각과 지혜가 없을 수 있습니다.
만일 사람을 가볍게 여기면
곧 한량없고 가없는 죄가 될 것입니다."

別駕 言 汝但誦偈 吾爲汝書 汝若得法
별가 언 여단송게 오위여서 여약득법

先須度吾 勿忘此言. 能 偈曰
선수도오 물망차언 능 게왈

별가가 말하기를
"너는 다만 게송을 외워라 내가 너를 위하여 써 주리라.
네가 만약 법을 얻으면 나부터 꼭 제도하여 주게.
이 말을 잊지 말아라." 하므로 게송을 말하였다.

菩提 本無樹, 明鏡 亦非臺.
보리 본무수 명경 역비대

本來 無一物, 何處 惹塵埃!
본래 무일물 하처 야진애

보리수는 본래 없고 거울도 받침대 도 아님이라.
본래 한 물건도 없으니
어디에 먼지 앉고 때가 끼겠는가!

書此偈已 徒衆 總驚 無不嗟訝 各相謂言,
서차게이 도중 총가 무불차아 각상위언

奇哉 不得以貌 取人 何得多時 使他肉身菩薩
기재 부득이모 취인 하득다시 사타육신보살

이 게송을 써 놓으니

대중이 모두 놀라 감탄하고 의심하지 않음이 없었고
서로가 말하기를,
"기특하다. 사람은 외모만으로는 알 수가 없구나.
어째서 오랫동안 저 육신보살을 부렸던가."

祖 見衆人 驚怪 恐人損害 遂將鞋
조 견중인 가괴 공인손해 수장혜

擦了偈云 亦未見性 衆人疑息.
찰요게운 역미견성 중인의식

대사께서 대중들이 놀라고 이상하게 여기는 걸 보고
사람들이 해칠까 염려되어 마침내
신발로 게를 문질러버리며 말씀하기를
"역시 성품을 보지 못하였다." 하시니
대중들은 그런 줄 알았다.

次日 祖 潛至碓坊 見能 腰石舂米,
차일 조 잠지대방 견능 요석용미

語曰求道之人 爲法忘軀 當如是乎 卽問曰米熟也未
어왈구도지인 위법망구 당여시호 즉문왈미숙야미

다음 날 대사께서 가만히 방앗간에 오시어
내가 돌을 허리에 달고 쌀 찧는 것을 보고, 말씀하시기를
"도를 구하는 사람은 법을 위하여 몸을 잊어야 하는 것이
마땅히 이와 같아야 하느니라." 하시며
"쌀을 얼마나 찧었느냐?" 하시기에

能 曰未熟 久矣 猶欠篩在, 祖 以杖 擊碓三下而去
능 왈미숙 구의 유흠사재 조 이장 격대삼하이거

能 卽會祖意 三鼓 入室 祖以袈裟 遮圍
능 즉회조의 삼고 입실 조이가사 차위

"쌀을 찧은 지는 오래되었지만 아직도 체로 치지를
못 했습니다." 하였더니,
조사가 지팡이로 방아를 세 번 치시고 나가시므로
곧 조사의 뜻을 알아차리고 삼경에 방으로 들어가 뵈오니
조사께서 가사로 주위를 막아

不令人見 爲說金剛經 至應無所住而生其心
불령인견 위설금강경 지응무소주이생기심

能 言下 大悟一切萬法 不離自性 遂啓祖言.
능 언하 대오일체만법 불리자성 수계조언

사람들이 보지 못하게 하시고 금강경을 설하여 주셨는데
"언제나 얽매이지 않는 그 마음이라야"
하는 구절에 이르러 그 말씀을 듣고
일체 만법이 자기의 성품을 떠나지 않음을
크게 깨닫고서 조사께 말씀드렸다.

何期自性 本自清淨 何期自性 本不生滅
하기자성 본자청정 하기자성 본불생멸

何期自性 本自具足 何期自性 本無動搖
하기자성 본자구족 하기자성 본무동요

何期自性 能生萬法
하기자성 능생만법

"언제나 자성이 본래 스스로 청정하고

언제나 자성이 본래 나고 멸하지 않으며
언제나 자성이 본래 스스로 구족하며
언제나 자성이 본래 흔들림이 없고
언제나 자성이 능히 만법을 기른다.”

祖 知悟本性謂惠能曰, 不識本心 學法無益.
조 지오본성위혜능왈 불식본심 학법무익

若識自本心 見自本性 卽名丈夫天人師佛. 三更 受法
약식자본심 견자본성 즉명장부천인사불 삼경 수법

조사께서 내가 본성을 깨달은 것을 알고 이르기를,
“본심을 모르면 법을 배워 무슨 이익이 있으랴.
스스로 본심을 알고 본성을 보면 바로 장부요,
인천의 스승天人師인 불이라”
하셨다. 삼경에 법을 받았으므로

人盡不知. 便傳頓敎 及衣鉢云,
인진부지 변전돈교 급의발운

汝爲第六代祖 善自護念 廣度有情
여위제육대조 선자호념 광도유정

流布將來 無令斷絕. 聽吾偈 曰
유포장래 무령단절 청오게 왈

사람들이 알지 못하게.
돈교一句下와 가사와 발우를 전하시며,
“네가 이제 제 육대조가 되었으니 스스로 잘 보호하고 지켜서 널리
유정有情을 제도하고 장래에 유포하여 단절되지 않게끔 하여라.”
하시며 게송을 하셨다.

有情 : 마음을 가진 중생

有情 來下種, 因地 果還生.
유정 래하종 인지 과환생

無情 旣無種, 無性亦無生.
무정 기무종 무성역무생

유정이 와서 종자를 뿌리니, 보살이 환생하여 다시 오도다.

무정은 본래 종자가 없고. 성품도 없고 태어남도 없도다.

祖 復曰昔 達摩大師 初來此土
조 부왈석 달마대사 초래차토

人未之信 故傳此衣 以爲信體
인미지신 고전차의 이위신체

代代相承 法卽以心傳心 皆令自悟自解.
대대상승 법즉이심전심 개령자오자해

대사가 다시 말씀하시기를

“달마대사가 처음 이 땅에 오시니

사람들이 믿지 아니하니 이 가사를 전하며 믿음의 바탕으로

삼아 대대로 이어져 온 것인데 법은 바로 마음으로 마음을

전해서 누구나 스스로 깨닫고 스스로 알게 하는 것이다.

自故 佛佛 惟傳本體 師師 密付本心.
자고 불불 유전본체 사사 밀부본심

衣爲爭端 止汝勿傳. 若傳此衣 命如懸絲.
의위쟁단 지여물전 약전차의 명여현사

汝須速去 恐人害汝.
여수속거 공인해여

전하는 관습이 부처와 부처는 오직 본체를 전하고

조사와 조사가 은밀히 본심을 부촉하는 것이고.

가사는 다투는 실마리가 되는 것이니
너에게서 그치고 전하지 말라.
만일 이 가사를 전하면 목숨이 실에 달린 것과 같으니라.
너는 속히 떠나거라. 사람들이 너를 해칠까 염려된다."
하시므로,

能 曰 向甚處去 祖 云逢懷卽止 遇會卽獎.
능 왈 향심처거 조 운봉회즉지 우회즉장

惠能 三更 領得衣鉢云 能
혜능 삼경 영득의발운 능

本是南中人 久不知此山路.
본시남중인 구불지차산로

내가 "어느 곳으로 가면 좋겠습니까?" 하였더니
"가다가 회懷를 만나면 머물고 우연히 회會를 만나면 숨어라."
하셨다. 내가 삼경에 의발을 받고
"저는 본래 남쪽 사람이라 이 산길을 잘 모릅니다.

如何出得江口. 五祖 言 汝不須憂 吾自送汝.
여하출득강구 오조 언 여불수우 오자송여

祖 相送 直至九江驛邊 有一隻船子 祖令惠能 上船
조 상송 직지구강역변 유일척선자 조령혜능 상선

어떻게 해서 강가에 갈 수 있습니까?" 하였더니,
오조께서 "걱정하지마라. 내가 직접 보내 주겠노라." 하셨다.
대사가 보내기 위해 구강나루에 이르시니, 배가 한 척 있으므로
대사께서 저 보고 배에 타라 하시고

五祖 把艣自搖
오조 파로자요

惠能 言 請和尚 坐 弟子 合搖艣.
혜능 언 청화상 좌 제자 합요로

五祖 云 合是吾渡汝
오조 운 합시오도여

직접 노를 잡고 저으시기에

내가 "청컨대 화상께서는 앉으십시오. 제자가 노를 젓겠습니다."

하였더니 "내가 너를 건너 주겠노라." 하시므로

能 云 迷時 師度, 悟了 自度.
능 운 미시 사도 오료 자도

度名 雖一 用處 不同.
도명 수일 용처 부동

惠能 生在邊方 語音 不正 蒙師傳法 今已得悟
혜능 생재변방 어음 부정 몽사전법 금이득오

"제가 미혹 했을 때에는 스님께서 건너 주셨지만,

깨닫고 나서는 스스로 건너는 것이니.

건넌다는 이름은 비록 하나이나 쓰는 곳은 같지 않습니다.

혜능이 변방에서 태어나 말조차 제대로 못하였는데

스승의 법을 받아 이제 깨달음을 얻었사옵니다.

只合自性自度. 祖 云如是如是.
지합자성자도 조 운여시여시

以後 佛法 由汝大行.
이후 불법 유여대행

汝去三年 吾方逝世 汝今好去.
여거삼년 오방서세 여금호거

그러하오니 자성으로 스스로 건너는 것이 합당한 것으로 압니다."
하였더니 대사가
"좋다 좋아. 이후에 불법이 너로 인해 크게 펼쳐지겠구나.
너는 가고 삼년 후에 내가 세상을 떠나니 이제 잘 가거라."

努力向南 不宜俗說 佛法難起.
노력향남 불의속설 불법난기

能 辭違祖己 發足南行 兩月中間 至大庾嶺,
능 사위조기 발족남행 양월중간 지대유령

逐後數百人 來 欲奪衣鉢.
축후수백인 래 욕탈의발

남으로 향하여 가되 마땅치 않으면 설하려 애쓰지 말라.
불법의 난이 일어나느니라." 하셨다.
내가 조사와 하직하고
걸어서 남쪽으로 두 달 반쯤이 지나 대유 령에 이르렀을 때,
뒤에서 수백 명이 의발을 뺏으려 쫓아왔다.

一僧 俗姓 陳 名 惠明 先是四品將軍 性行
일승 속성 진 명 혜명 선시사품장군 성행

麤慥 極意參尋 爲衆人先 趁及於能惠能
추조 극의참심 위중인선 진급어능혜능

그 중에 혜명이라는 스님의 속성이 진 씨인데
본래는 장군이라 성질과 행동이 거칠고 사나웠다.
온갖 힘을 다해 찾으려 대중들 맨 앞에서 나를 쫓아 왔으므로

能 擲下衣鉢於石上云 此衣 表信
능 척하의발어석상운 차의 표신

可力爭耶 能 隱草莽中.
가력쟁야 능 은초망중

惠明 至 提掇不動 乃喚云行者行者 我爲法來
혜명 지 제철부동 내환운행자행자 아위법래

나는 바위 위에 가사를 올려놓고

"이 가사는 믿음의 표시인데 힘으로 다툴 수 있겠느냐?" 하고는

풀 속에 숨어 있었다.

혜명이 와서 잡아 당겼으나 움직이지 않자

큰 소리로 "행자여, 행자여, 나는 법을 위하여 온 것이지

不爲衣來. 能 遂出 坐盤石上,
불위의래 능 수출 좌반석상

惠明 作禮云 望行者 爲我說法.
혜명 작례운 망행자 위아설법

能 云 汝旣爲法而來 可屛息諸緣
능 운 여기위법이래 가병식제연

가사 때문에 온 것이 아닙니다."

하므로 내가 나와서 반석 위에 앉으니,

혜명이 절을 하고 "바라옵건대 행자는 저를 위하여

법을 설하여 주십시오." 하였다.

내가 말하기를

"그대는 이미 법을 위해 왔으므로 잘 듣고

모든 인연을 버리고 쉬어서

勿生一念 吾爲汝說. 良久 謂明曰 不思善 不思惡.
물생일념 오위여설 양구 위명왈 불사선 불사악

正與麽時 那箇 是明上座 本來面目, 惠明 言下 大悟
정여마시 나개 시명상좌 본래면목 혜명 언하 대오

한 생각도 내지 마십시오. 내가 그대를 위하여 설하겠습니다."
하고는 조금 있다가 혜명에게
"선도 생각지 말고 악도 생각지 마십시오.
바로 이러할 때에 어떤 것이 명 상좌의 본래 면목입니까?"
하였더니, 혜명이 그 말끝에 크게 깨닫고

復問云 上來密圄密意外 還更有密意否,
부문운 상래밀어밀의외 환갱유밀의부

能 云與汝說者 卽非密也 汝若返照 密在汝邊. 明 曰
능 운여여설자 즉비밀야 여약반조 밀재여변 명 왈

다시 묻기를 "조사 이래로 내려오는 비밀한 말씀과 비밀한 뜻이
이 외에 또다시 비밀한 뜻이 있습니까?" 하므로,
내가 "그대에게 설한 것은 비밀이 아닙니다. 그대가 만일
돌이켜 비추면 비밀이 그대의 곁에 있을 것입니다."
하였더니 혜명이 말하기를

惠明 雖在黃梅 實未省自己面目
혜명 수재황매 실미성자기면목

今蒙指示 如人 飮水 冷暖 自知.
금몽지시 여인 음수 냉난 자지

今行者 卽惠明 師也. 能 曰汝若如是
금행자 즉혜명 사야 능 왈여약여시

吾與汝 同師黃梅 善自護持.
오여여 동사황매 선자호지

明 又問 惠明 今後 向甚處去,
명 우문 혜명 금후 향심처거

能 曰逢袁卽止 遇蒙卽居. 明 禮辭.
능 왈봉원즉지 우몽즉거 명 예사

"혜명이 비록 황매에 있었으나 실로 자기의 면목을 살피지 못 하였는데 이제 가르침을 받았으니 마치 사람이 물을 마셔 봐야 찬지 따뜻한지를 스스로 아는 것과 같습니다. 이제부터 행자께서는 혜명의 스승이십니다." 하기에 내가 말하기를 "그대가 만일 이와 같다면 나와 그대는 함께 황매를 스승으로 삼은 바이니 깨달은 그 마음을 놓치지 말고 보호하여 지녀야 하느니라." 하였다.

혜명이 또 묻기를 "혜명은 이제 어느 곳으로 가야 되겠습니까?"

하므로, 내가 말하기를 "귀족들을 만나면 원袁에 머무르고

사리에 어두우면 몽蒙 그 곳에서 살아라."

하였더니 혜명이 절하고 하직하였느니라.

能 後至曹溪 又被惡人 尋逐
능 후지조계 우피악인 심축

乃於四會縣 避難 獵人隊中
내어사회현 피난 엽인대중

凡經一十五載. 時與獵人 隨宜說法 獵人
범경일십오재 시여엽인 수의설법 엽인

내가 뒤에 조계에 이르렀으나

또 나쁜 사람들에게 쫓기는 바가 되어서 사회 현으로 피난하여 사냥을 하는 사람들 틈에 무릇 15년을 지냈다.

때로는 사냥하는 사람들에게 마땅함을 따라 법을 설하였는데
사냥하는 사람들은

常令守網 每見生命 盡妨之 每至飯時 以菜 寄煮肉鍋
상령수망 매견생명 진방지 매지반시 이채 기자육과

或 問卽代日但契肉邊菜. 一日 思惟 時當弘法
혹 문즉대왈단계육변채 일일 사유 시당홍법

항상 그물을 지키게 하였으므로
살아 있는 놈을 보면 다 놓아 주었고
언제나 밥을 먹을 때가 되면 채소를
고기 삶는 냄비 위에 얹어서 익혀먹었는데
혹 누가 물으면 "고기 곁의 채소만 먹는다." 고 대답하였다.
하루는 생각하기를 마땅히 법을 펼 때가 되었으니

不可終遯 遂出至廣州法性寺 値印宗法師 講涅槃經.
불가종둔 수출지광주법성사 치인종법사 강열반경

時 有風吹幡動 一僧 云風動 一僧 云幡動 議論不己
시 유풍취번동 일승 운풍동 일승 운번동 의논불기

더 이상 숨어 있는 것은 옳지가 않겠다 싶어 산에서 나와
광주의 법성사에 이르렀는데 인종법사가
열반경을 강의하고 있는 중이었다.
그때 바람이 불어 깃발이 펄럭이니
한 스님이 말하기를
"바람이 움직인다." 하시고
다른 스님은 "깃발이 움직인다." 하시며 의논을 그치지 않으므로

能 進曰 不是風動 不是幡動 仁者 心動.
능 진왈 불시풍동 불시번동 인자 심동

一衆 駭然 印宗 延至上席 徵詰奧義
일중 해연 인종 연지상석 미힐오의

見能 言簡理當 不由文字
견능 언간이당 불유문자

내가 가서 "바람이 움직이는 것도 아니고
깃발이 움직이는 것도 아니며 그대들의 마음이
움직이는 것입니다." 하였더니
모여 있던 대중들이 놀랐으며 인종이 상석으로 맞아 들여
깊은 뜻을 질문하여 물었는데
나의 말이 간략하고 이치가 합당하며
책에 쓰인 문자가 아님을 보고

宗 云行者 定非常人
종 운행자 정비상인

久聞黃梅衣法 南來 莫是行者否.
구문황매의법 남래 막시행자부

能 曰不敢. 宗 於是 執弟子禮 告請傳來衣鉢
능 왈불감 종 어시 집제자례 고청전래의발

인종이 말하기를
"행자는 보통사람이 아님이 틀림없습니다. 오래전에 듣기를 황매의 가사와 법이 남쪽으로 왔다 하던데 행자님이 아니십니까?"
하기에 내가
"부끄럽습니다."
하였더니 인종이 제자의 예를 갖추며 전해져 내려오는 의발을

出示大衆 宗 復問曰黃梅付囑 如何指授.
출시대중 종 부문왈황매부촉 여하지수

能 曰指授卽無. 唯論見性 不論禪定解脫.
능 왈지수즉무 유론견성 불론선정해탈

대중에게 내어 보이기를 청하고는 다시 묻기를
"황매께서 부촉하시면서 어떻게 가르쳐 주셨습니까?"
하기에 내가 말하기를
"가르쳐 주신 것은 없습니다. 오직 견성만을 의논하였을 뿐
선정과 해탈은 의논하지 않았습니다." 하였더니

宗 曰何不論禪定解脫, 謂曰爲是二法 不是佛法,
종 왈하불론선정해탈 위왈위시이법 불시불법

佛法 是不二之法, 宗 又問如何是佛法不二之法,
불법 시불이지법 종 우문여하시불법불이지법

인종이 "어찌하여 선정과 해탈을 의논하시지 않았습니까?"
하므로, "그렇게 되면 두 가지 법이 되어 불법이 아닙니다.
불법은 두 가지 법이 아닙니다." 하였다.
인종이 다시 묻기를
"어떤 것이 불법의 둘이 아닌 도리입니까?" 하므로,

能 曰法師 講涅槃經 明見佛性 是佛法不二之法.
능 왈법사 강열반경 명견불성 시불법불이지법

如涅槃經 高貴德王菩薩 白佛言 '犯四重禁 作五逆罪
여열반경 고귀덕왕보살 백불언 범사중금 작오역죄

내가 말하기를 "법사께서 열반경을 강의하시여
밝게 불성을 보는 것이 불법의 둘 아닌 도리입니다.

열반경에서 고귀덕왕보살이 부처님께 말씀드리기를

"사중금계를 범한 자와 오역죄를 지은 자와

사중금계 : 살생, 투도, 사음, 망어

及一闡提等 當斷善根佛性否'

급일천제등 당단선근불성부

佛言 '善根 有二 一者 常 二者 無常

불언 선근 유이 일자 상 이자 무상

佛性 非常非無常 是故 不斷

불성 비상비무상 시고 부단

일천제(선근이 아주 끊어진 자)들은

마땅히 선근과 불성을 끊은 것이 옳니까?" 하였더니,

부처님께서 말씀하시길

'선근에는 둘이 있는데 하나는 상常이요, 둘은 무상無常인데 불성은 상도 아니고 무상도 아니다. 그러므로 끊어지지 않는 것을

名爲不二 一者 善 二者 不善

명위불이 일자 선 이자 불선

佛性 非善非不善 是名不二'

불성 비선비불선 시명불이

蘊之與界 凡夫 見二 智者 了達其性 無二

온지여계 범부 견이 지자 요달기성 무이

이름 하여 둘이 아니다 하시며

하나는 선한 것이고 둘은 선하지 않는 것인데

불성은 선한 것도 아니고 선하지 않는 것도 아니므로

이름 하여 둘이 아니니라.' 하셨습니다.
오온과 십팔계(육근, 육경, 육식)를 범부는 둘로 보지만
지혜 있는 사람은 그 성품이 둘이 아닌 줄을 꿰뚫어 아나니

無二之性 卽是佛性. 印宗 聞說 歡喜合掌言
무이지성 즉시불성 인종 문설 환희합장언

某甲 講經 猶如瓦礫 仁者 論義 猶如眞金.
모갑 강경 유여와력 인자 논의 유여진금

둘 없는 성품이 곧 불성입니다." 라고 하였다.
인종이 이 말을 듣고 매우 기뻐서 합장하며 말하기를
"제가 경을 강의 하는 것은 오히려 깨진 기와조각과 같은데
인자께서 논의 하시는 것은 마치 순금과 같습니다." 하였느니라.

於是 爲能薙髮 願事爲師 能
어시 위능치발 원사위사 능

遂於菩提樹下 開東山法門.
수어보리수하 개동산법문

이에 나의 머리를 깎아 주고 스승으로 섬기기를 원하였으므로
내가 마침내 보리수 아래에서 동산법문을 열게 된 것이니라.

能 於東山 得法 辛苦受盡 命似懸絲
능 어동산 득법 신고수진 명이현사

今日 得與使君官僚 僧尼道俗
금일 득여사군관료 승니도속

同此一會 莫非累劫之緣.
동차일회 막비루겁지연.

내가 동산에서 법을 얻고 나서 갖은 고생을 다하고 목숨이 마치 실낱과 같았는데 오늘날 위사군과 관료들과 비구와 비구니와 도를 닦는 사람과 세속의 사람들과 더불어 이와 같은 모임을 함께 하게 되었으니 누 겁의 인연이 아닐 수 없구나.

亦是過去生中 供養諸佛 同種善根
역시과거생중 공양제불 동종선근

方始得聞如上頓教得法之因.
방시득문여상돈교득법지인

教是先聖 所傳 不是惠能自智.
교시선성 소전 부시혜능자지

또한 과거 생 가운데에 모든 부처님께 공양하여 같은 선근을 심었기 때문에 비로소 이와 같은 돈교一句下법을 얻은 인연을 듣게 된 것이며.
옛 성현들의 가르침을 전하는 것이지 나의 지혜가 아니다.

願聞先聖教者 各令淨心 聞了
원문선성교자 각령정심 문료

各自除疑 如先代聖人無別.
각자제의 여선대성인무별

一衆 聞法 歡喜作禮而退.
일중 문법 환희작례이퇴

옛 성현의 가르침을 듣고 싶은 사람은 각자 마음을 깨끗이 하고
듣고 나서는 각자가 궁금함을 없애 옛 성인과 다름이 없게
하여야 하느니라."
대중이 법을 듣고 매우 기뻐하면서 절하고 물러갔다.

2. 般若品
반 야 품

次日 韋使君 請益 師陞座 告大衆曰.
차일 위사군 청익 사승좌 고대중왈

總淨心 念摩訶般若波羅密多. 復云
총정심 염마하반야바라밀다 부운

다음날 인종이 와서 또 듣길 원하므로
대사께서 자리에 올라 대중들에게
"모두가 맑은 마음으로 마하반야바라밀다를 생각하라." 하시며
대사가 다시 대중에게 말씀하셨다.

善知識, 菩提般若之智 本自有之 只緣心迷 不能自悟
선지식 보리반야지지 본자유지 지연심미 불능자오

須假大善知識 示導見性.
수가대선지식 시도견성

"선지식아, 보리반야 지혜는 본래부터 스스로 있다,
그러나 마음이 혼미하기 때문에 스스로 깨닫지 못하니
틀림없이 큰 선지식의 가르침을 따르면 자성을 보게 되느니라.

當知. 愚人智人 佛性 本無差別
당지 우인지인 불성 본무차별

只緣迷悟不同. 所以 有愚有智.
지연미오부동 소이 유우유지

吾今爲說摩訶般若波羅密法 使汝等
오금위설마하반야바라밀법 사여등

各得智慧 志心諸聽. 吾爲汝說.
각득지혜 지심제청 오위여설

당연히. 어리석은 이나 지혜 있는 이나 불성은 차별이 없는데
다만 어리석고 미혹하여 깨달음이 같지 않느니라.
그러하기 때문에 내가 이제 마하반야바라밀법을 설하여
너희로 하여금 각각 지혜를 얻게 하리니
지극한 마음으로 자세히 들어라.
내가 너희를 위해 설하리라.

善知識,
선지식

世人 終日口念般若 不識自性般若
세인 종일구념반야 불식자성반야

猶如說食不飽 口但說空 萬劫 不得見性 終無有益.
유여설식불포 구단설공 만겁 부득견성 종무유익

선지식아,
온종일 입으로는 반야를 말하지만 자성인 반야를 알지 못하니
마치 밥 얘기만 하면 배는 부르지 않듯이
쓸데없이 말로만하면 만겁을 지나도 깨닫지 못하니
무슨 도움이 되겠느냐.

善知識,
선 지 식

摩訶般若波羅密 是梵語 此言 大智慧到彼岸.
마 하 반 야 바 라 밀 시 범 어 차 언 대 지 혜 도 피 안

此須心行 不在口念.
차 수 심 행 부 재 구 념

口念心不行 如幼如化 如露如電
구 념 심 불 행 여 유 여 화 여 로 여 전

口念心行 則心口相應.
구 념 심 행 즉 심 구 상 응

本性 是佛 離性無別佛.
본 성 시 불 이 성 무 별 불

선지식아,

마하반야바라밀은 범어인데

이 말은 큰 지혜로 깨달았다는 뜻이다.

이에 마음으로 수행해야지 입으로 만 외우면 아무 소용없다.

입으로 외우고 어리석게 마음으로 수행하지 아니하면

그것은 이슬 같고 번개 같은 것이니.

입으로 외우고 마음으로 수행하면

곧 마음과 입이 서로 통할 것이다.

본성 즉 불이니 성품을 제외하고 따로 부처가 없다.

何名摩訶 摩訶, 是大 心量 廣大.
하 명 마 하 마 하 시 대 심 량 광 대

무엇을 마하라 하는가, 마하는 큰 것인데

마음으로 헤아릴 수 없는 넓고 큰 것이라.

猶如虛空 無有邊畔 亦無方圓大小
유여허공 무유변반 역무방원대소

亦非靑黃赤白 亦無上下長短
역비청황적백 역무상하장단

亦無瞋無喜 無是無非 無善無惡 無有頭尾.
역무진무희 무시무비 무선무악 무유두미

허공과 같이 비어서 끝이 없으니, 모양도 크고 작음도 없이 원만하므로, 푸르고 누렇고 붉거나 희지도 않으며, 여기에 위아래가 길거나 짧은 것도 없으며 또한 성냄도 기쁨도 없고 옳고 그른 것도 없으며, 선함도 악함도 없으며, 머리나 꼬리가 있는 것도 아니다.

諸佛刹土 盡同虛空 世人 妙性 本空 無有一法可得
제불찰토 진동허공 세인 묘성 본공 무유일법가득

自性眞空 亦復如是.
자성진공 역부여시

모든 부처님의 국토는 다 허공과 같음이니
세상 사람들이 묘한 성품은 본래 없으니 하나도 얻을 게 없고
자성도 비어서 없는 것도 역시 이와 같으니라.

善知識,
선지식

莫聞吾說空 便卽着空 第一莫着空.
막문오설공 변즉착공 제일막착공

若空心靜坐 卽着無記空.
약공심정좌 즉착무기공

선지식아,
내가 설한 없음을 듣고 없음에 집착하지 말고

제일 먼저 빈 것에 얽매이지 마라.

만일 마음만 비우고 앉아 있으면 곧 있고 없음에 얽매이리라.

善知識,
선 지 식

世界虛空 能含萬物色像 日月星宿 山河大地
세 계 허 공 능 함 만 물 색 상 일 월 성 숙 산 하 대 지

泉源溪澗 草木叢林 惡人善人 惡法善法 天堂地獄
천 원 계 간 초 목 총 림 악 인 선 인 악 법 선 법 천 당 지 옥

一切大海 須彌諸山 總在空中. 世人性空 亦復如是.
일 체 대 해 수 미 제 산 총 재 공 중 세 인 성 공 역 부 여 시

선지식아,

온 세계의 허공이 모든 물상을 품을 수 있어서 해와 달과 별과 산과 강과 대지와 샘과 개울과 풀과 나무와 숲과 악인과 선인과 악법과 선법과 천당과 지옥과 일체의 큰 바다와 수미산을 비롯한 모든 산들이 모두 다 이 허공 안에 있다.

세상 사람들의 성품이 빈 것도 역시 이와 같음이라.

善知識, 自性 能含萬法 是大.
선 지 식 자 성 능 함 만 법 시 대

萬法 在諸人性中 若見一切人
만 법 재 제 인 성 중 약 견 일 체 인

惡之與善 盡皆不取不捨 亦不染着
악 지 여 선 진 개 불 취 불 사 역 불 염 착

心如虛空 名之爲大 故 曰摩訶.
심 여 허 공 명 지 위 대 고 왈 마 하

선지식아, 자성은 능히 만법을 품을 수 있도록 큰 것이다.

모든 사람들의 성품은 사람들의 악과 선을 함께 취하지 않고 버리지도 않으며 또 물들거나 얽매이지 아니하고 마음이 허공과 같으니 이를 크다고 한다. 그러므로 마하라 하느니라.

善知識, 迷人 口說 智者 心行.
선지식 미인 구설 지자 심행

선지식아,
어리석은 이는 입으로 말하고 지혜 있는 자는 마음으로 행한다.

又有迷人 空心靜坐 百無所思 自稱爲大 此一輩人
우유미인 공심정좌 백무소사 자칭위대 차일배인
不可與語 爲邪見故.
불가여어 위사견고

또 어떤 어리석은 사람은 마음을 비우고 고요히 앉아서
백가지 생각을 없앤 것으로 스스로를 크다고 말하지만 이런 무리들과는 말할 것이 못된다. 왜냐하면 삿된 소견이기 때문이다.

善知識,
선지식
心量 廣大 偏周法界 用卽了了分明
심량광대 변주법계 용즉요료분명
應用 便知一切 一切卽一 一卽一切
응용 편지일체 일체즉일 일즉일체
去來自由 心體無滯 卽是般若.
거래자유 심체무체 즉시반야

선지식아, 마음으로 헤아릴 수 없는 넓고 크며 온 법계에 두루 하며 그 작용이 아주 뚜렷하고 그 쓰임이 즉시 일체를 알며 일체가 곧 하나고 하나가 곧 일체여서 가고 오는 것이 자유롭고 마음에 얽매이지 않는 것이 곧 반야니라.

善知識, 一切般若智 皆從自性而生 不從外入.
선지식 일체반야지 개종자성이생 부종외입

선지식아, 일체의 반야지혜는 모두 자성 따라 생기는 것이지 밖에서 들어오는 것이 아니다.

莫錯用意 名爲眞性自用. 一眞 一切眞.
막착용의 명위진성자용 일진 일체진

삿된 마음이 아닌 참된 성품을 스스로 베푸나니.
하나의 본성이 일체의 본성이니라.

心量大事 不行小道 口莫終日說空.
심량대사 불행소도 구막종일설공

큰 일만 마음으로 헤아리고 작은 도라도 행하지 아니하면서 입으로 온종일 빈 것을 말하지 말라.

心中 不須此行 恰似凡人
심중 불수차행 흡사범인

自稱國王 終不可得 非吾弟子.
자칭국왕 종불가득 비오제자

마음 수행은 하지 않으면서 마치 범부가 스스로는 국왕이라 칭하지만 그렇게 될 수가 없는 것이니
이런 자는 나의 제자가 아니니라.

善知識, 何名般若. 般若者 唐言 智慧也,
선지식 하명반야 반야자 당언 지혜야

一切處所 一切時中 念念不愚 常行智慧 卽是般若行.
일체처소 일체시중 염념불우 상행지혜 즉시반야행

선지식아, 무엇을 반야라 하느냐?

반야자는 당나라 말로 지혜이며

어느 곳 어느 때라도 끊임없는 생각이 어리석지 아니하고

항상 지혜롭게 행하는 것이 곧 반야행이다.

一念 愚 卽般若絶 一念 智 卽般若生.
일념 우 즉반야절 일념 지 즉반야생

한 생각이 어리석으면 곧 반야가 막히고 한 생각이 밝으면

곧 지혜가 생겨나는 것이니라.

世人 愚迷 不見般若 口說般若
세인 우미 불견반야 구설반야

心中常愚 常自言 我須般若
심중상우 상자언 아수반야

念念說空 不識眞空.
염념설공 불식진공

세상 사람들이 어리석고 어리석어 반야를 보지 못하므로

입으로만 반야를 말하고 마음속은 언제나 어리석어

항상 스스로 말하기를

“나는 반야를 닦는다.” 하며 한결 같은 생각에

공을 말하지만 비어 있는 진리를 알지 못하느니라.

般若 無形象 智慧心 卽是 若作如是解 卽名般若智.
반 야 무형상 지혜심 즉시 약작여시해 즉명반야지

반야는 모습이 없으나 지혜로운 마음이 곧 반야다.

언제나 이와 같이 알면 이것이 곧 반야 지혜라.

何名波羅密. 此是西國語 唐言 到彼岸 解義 離生滅.
하명바라밀 차시서국어 당언 도피안 해의 이생멸

어떤 것을 바라밀이라고 이름 하는가?

이것은 서역국의 말인데 당나라 말로 하면

저 언덕에 이른다는 뜻으로 생멸을 버린 것이다.

著境生滅起 如水有波浪 卽名爲此岸,
저경생멸기 여수유파랑 즉명위차안

離境無生滅 如水相通流 卽名爲彼岸 故號波羅密.
이경무생멸 여수상통류 즉명위피안 고호바라밀

경계가 나타나면 생멸이 일어나나니 물에 물결이 있는 것과 같은 이것이 곧 이 언덕이고, 경계를 버리면 생멸이 없어지므로 물결이 잠잠함이 곧 저 언덕이라 하네, 그러므로 바라밀이라 한다.

善知識, 迷人 口念 當念之時
선지식 미인 구념 당념지시

有妄有非 念念若行 是名眞性.
유망유비 염념약행 시명진성

선지식아, 어리석은 사람은 입으로 외우는지라 외울 때는 망령됨이 있고 그릇됨이 있지만 변함없는 생각에 만일 행을 하면 이것이 참된 성품이니라.

悟此法者 是般若法, 須此行者 是般若行.
오차법자 시반야법 수차행자 시반야행

不修 卽凡, 一念修行 自身等佛.
불수 즉범 일념수행 자신등불

이 법을 깨닫는 자가 곧 반야법이요,
이 행을 닦는 자가 곧 반야를 행하는 것이다.
수행하지 않으면 범부요,
변함없이 수행하면 스스로 부처가 된다.

善知識, 凡夫卽佛 煩惱 卽菩提
선지식 범부즉불 번뇌 즉보리

前念 迷 卽凡夫, 後念 悟 卽佛.
전념 미 즉범부 후념 오 즉불

선지식아, 범부가 곧 부처고 번뇌가 곧 보리니
한 순간의 생각이 어리석어면 곧 범부요,
한 순간에 생각을 깨달으면 곧 부처님이다.

前念 着境 卽煩惱 後念 離境 卽菩提.
전념 착경 즉번뇌 후념 이경 즉보리

한 순간의 생각이 경계에 얽매이면 곧 번뇌고
한 순간의 생각이 경계를 떠나면 곧 보리니라.

善知識,
선지식

摩訶般若波羅密 最尊最上最第一.
마하반야바라밀 최존최상최제일

無住無往 亦無來 三世諸佛 皆從中出.
무 주 무 왕 역 무 래 삼 세 제 불 개 종 중 출

선지식아,

마하 반야바라밀이 가장 존귀하며 높고

가장 위이며 가장 으뜸이다.

머무름이나 지나감도 없으며 또 오는 것도 없으므로

삼세제불三世諸佛이 다 그러한 곳에 계신다.

當用大智慧 打破五蘊煩惱塵勞. 如此修行 定成佛道
당 용 대 지 혜 타 파 오 온 번 뇌 진 로 여 차 수 행 정 성 불 도

變三毒爲戒定慧.
변 삼 독 위 계 정 혜

당연히 큰 지혜로 오온의 번뇌와 망상에 머물지 말라.

이와 같이 수행하면 반드시 불도를 이루며 삼독이 변하여

계, 정, 혜가 되리라.

善知識, 我此法門 從一般若
선 지 식 아 차 법 문 종 일 반 야

生八萬四千智慧 何以故,
생 팔 만 사 천 지 혜 하 이 고

爲世人 有八萬四千塵勞.
위 세 인 유 팔 만 사 천 진 로

선지식아,

나의 이 법문은 높고 큰 하나의 반야에서

팔만 사천의 지혜를 내는데 무슨 까닭인가?

세상 사람들에게 팔만사천의 번뇌가 있기 때문이니라.

若無塵勞 智慧常現 不離自性.
약무진로 지혜상현 불이자성

그러나 번뇌가 없으면 지혜가 언제나 드러나서
자성을 떠나지 않을 것이다.

悟此法者 卽是無念無憶無着
오차법자 즉시무념무억무착

不起誑妄 用自眞如性
불기광망 용자진여성

以智慧觀照 於一切法 不取不捨.
이지혜관조 어일체법 불취불사

卽是見性成佛道.
즉시견성성불도

이 법을 깨닫는 자는 곧 생각도 기억도 집착도 없어서
거짓 망령은 일어나지 아니하며
스스로 평등한 절대 성품을 나타내므로
지혜로써 미루어 보아 일체 법을 취하지도 버리지도 않으므로
즉시 견성하여 불도를 이루는 것이다.

善知識, 若欲入甚深法界 及般若三昧者 須修般若行
선지식 약욕입심심법계 급반야삼매자 수수반야행

持誦金剛般若經. 卽得見性.
지송금강반야경 즉득견성

선지식아, 그러나 깊은 법계와 반야 삼매에 들고자 하는 사람은
반드시 반야 행을 닦고 금강반야경을 지니고 읽어야 되느니라.
그러면 즉시 깨달을 것이다.

當知. 此功德 無量無邊 經中 分明讚嘆 莫能具說.
당지 차공덕 무량무변 경중 분명찬탄 막능구설

바로 알아라. 이 공덕이 한량없고 끝없다는 것을
금강경에서 분명히 찬탄하였는데 말로써는 다할 수가 없느니라.

此法門 是最上乘 爲大智人說 爲上根人說.
차법문 시최상승 위대지인설 위상근인설

小根小智人 聞 心生不信.
소근소지인 문 심생불신

이 금강경 법문은 곧 불법 중에서 최고며
큰 지혜가 있는 사람을 위하여 설한 것이며
근기가 높은 사람을 위하여 설한 것이라. 근기가 낮고
지혜가 얕은 사람이 들으면 믿지 않는 마음이 있으리라.

何以故 譬如大龍 下雨於閻浮提 城邑聚落
하이고 비여대룡 하우어염부제 성읍취락

悉皆漂流 如漂棗葉 若雨大海 不增不減.
실개표류 여표조엽 약우대해 불증불감

왜냐하면? 비유하건대, 큰 용이 염부제에 비를 내리면
도시와 마을이 모두 다 떠내려가는 것이 대추 나뭇잎이
떠내려가는 것과 같지만 만일 큰 바다에 비를 내리면
늘어나지도 줄어들지도 않는 것과 같으니라.

若大乘人 若最上乘人 聞說金剛經 心開悟解.
약대승인 약최상승인 문설금강경 심개오해

그러나 큰 지혜가 있는 사람과 최고로 높은 지혜를 가진 자는 이 금강경을 들으면 마음이 열리어 깨닫느니라.

故知本性 自有般若之智
고 지 본 성 자 유 반 야 지 지

自用智慧 常觀照故 不假文字.
자 용 지 혜 상 관 조 고 불 가 문 자

그러므로 본성에는 원래 반야의 지혜가 있으며

스스로 지혜로 항상 관조하므로 문자를 빌리지 않는 것이니라.

譬如雨水 不從天有 元是龍能興致
비 여 우 수 부 종 천 유 원 시 용 능 홍 치

令一切衆生 一切草木 有情無情 悉皆蒙潤,
영 일 체 중 생 일 체 초 목 유 정 무 정 실 개 몽 윤

百川衆流 却入大海 合爲一體
백 천 중 류 각 입 대 해 합 위 일 체

衆生本性 般若之智 亦復如是.
중 생 본 성 반 야 지 지 역 부 여 시

비유하면 빗물이 하늘에 있는 것이 아니라, 원래 용이 비를 불러

일체 중생과 일체 초목과 유정과 무정들을 모두 윤택하게 하고,

여지 저기 많은 강들이 흐르다가 결국에는 큰 바다에 들어가

하나로 합쳐지는 것과 같이 중생의 본성인 반야의 지혜도

또한 이와 같느니라.

善知識, 小根之人 聞此頓教
선 지 식 소 근 지 인 문 차 돈 교

猶如草木 根性小者 若被大雨
유 여 초 목 근 성 소 자 약 피 대 우

悉皆自到 不能增長.
실개자도 불능증장.

선지식아, 근기가 낮은 사람이 이 돈교一句下를 들으면 뿌리가 약한 작은 초목이 만약 큰비를 만나게 되면 뿌리가 뽑히고 뒤집혀져서 자랄 수 없게 되는 것처럼.

小根之人 亦復如是 元有般若之智
소근지인 역부여시 원유반야지지
與大智人 更無差別 因何聞法
여대지인 갱무차별 인하문법
不自開悟 緣邪見障重 煩惱根深
부자개오 연사견장중 번뇌근심
猶如大雲 覆蓋於日 不得風吹
유여대운 부개어일 부득풍취
日光 不現.
일광 불현

근기가 낮은 사람도 역시 이와 같아서 원래 반야의 지혜가 있으며 지혜가 큰 사람과 차별이 없는데 어찌하여 법을 듣고도 스스로 깨닫지 못하는가하면 삿된 소견으로 업장이 무겁고 번뇌의 뿌리가 깊기 때문인데 마치 큰 구름이 해를 가릴 때 바람이 불지 않으면 햇빛이 나타나지 않는 것과 같으니라.

般若之智 亦無大小 爲一切衆生 自心 迷悟 不同
반야지지 역무대소 위일체중생 자심 미오 부동
迷心外見 修行覓佛 未悟自性 卽是小根.
미심외견 수행멱불 미오자성 즉시소근

반야의 지혜도 역시 크거나 작은 것이 없는데 일체의 중생은 자신의 마음이 어리석어 깨달음이 같지 않기 때문에 마음이 어리석어 밖으로만 보고 닦으며 부처를 찾으려 할 뿐이므로 자성을 깨닫지 못하나니 이것은 곧 근기가 낮기 때문이니라.

若開悟頓教 不執外修 但於自心
약개오돈교 불집외수 단어자심

常起正見 煩惱塵勞 常不能染 卽是見性.
상기정견 번뇌진로 상불능염 즉시견성

그러나 돈교一句下를 깨달아서 밖으로 닦는 것을 고집하지 않고 자신의 마음에 항상 정견을 일으켜서 번뇌와 세속 일에 대한 괴로움이 항상 물들지 못하게 하면 이것이 곧 견성이니라.

善知識, 内外不住 去來自由 能除執心 通達無碍,
선지식 내외부주 거래자유 능제집심 통달무애

能修此行 與般若經 本無差別.
능수차행 여반야경 본무차별

선지식아, 안과 밖에 머무르지 말고 가고 옴이 자유로워 집착하는 마음을 버리면 통달하여 거리낌이 없으며, 능히 이 행을 닦으면 반야경과 더불어 본래 차별이 없느니라.

善知識, 一切修多羅 及諸文字
선지식 일체수다라 급제문자

大小二乘 十二部經 皆因人置
대소이승 십이부경 개인인치

因智慧性 方能建立 若無世人
인지혜성 방능건립 약무세인

一切萬法 本自不有.
일 체 만 법　본 자 불 유

선지식아, 일체의 수행하는 다라니는 문자로 되어 있는데
대, 소 이승의 십이부경이 모두 다 사람들을 위하여 있는 것이며
지혜의 성품으로 말미암아 비로소 세워진 것이니
만일 세상 사람이 없다면 일체 만법이 본래 있는 것이 아니니라.

故知. 萬法 本自人興 一切經書 因人說有.
고 지　만 법　본 자 인 흥　일 체 경 서　인 인 설 유

그러므로 알아라. 만법은 본래 사람들이 느끼는 것이며
일체의 경서는 사람들을 위해 설해져 있는 것이니라.

緣其人中 有愚有智 愚爲小人 智爲大人.
연 기 인 중　유 우 유 지　우 위 소 인　지 위 대 인

사람들이 지닌 품성稟性 중에는 어리석음과 지혜로움이 있어서
어리석은 이를 소인이라 하고 지혜로운 이를 대인이라 하느니라.

稟性 : 타고난 성품

愚者 問於智人 智者 與愚人說法.
우 자　문 어 지 인　지 자　여 우 인 설 법

愚人 忽然悟解心開 卽與智人 無別.
우 인　홀 연 오 해 심 개　즉 여 지 인　무 별

어리석은 사람은 지혜로운 사람에게 묻고
지혜로운 사람은 어리석은 사람에게 법을 설하느니라.
어리석은 사람이 홀연히 깨달아서 마음이 열리면
곧 지혜 있는 사람과 다름이 없느니라.

善知識, 不悟 卽佛是衆生, 一念悟時 衆生 是佛.
선지식 불오 즉불시중생 일념오시 중생 시불

故知. 萬法 盡在自心 何不從自心中 頓見眞如本性.
고지 만법 진재자심 하부종자심중 돈견진여본성

선지식아, 깨닫지 못하면 부처님이 곧 중생이요,
한 순간 깨달으면 중생이 곧 부처라.
그러므로 알라. 만법이 자신의 마음에 있는 것인데
어찌하여 자신의 마음으로부터 진리인 본성을 보지 못하는가?

菩薩戒經 云我本元自性 清淨
보살계경 운아본원자성 청정

若識自心見性 皆成佛道,
약식자심견성 개성불도

淨名經 云卽是豁然 還得本心.
정명경 운즉시활연 환득본심

보살계경에 말씀하시기를
"나의 본원 자성은 원래 청정하다. 그러나 자기의 마음을 알아서
자기의 성품을 보면 모두 다 불도를 이룬다." 하였으며,
정명경에서는 "즉시 깨달음으로 도리어 본심을 얻는다."
하였느니라.

善知識, 我於忍和尚處 一聞言下便悟 頓見眞如本性
선지식 아어인화상처 일문언하변오 돈견진여본성

是以 將此教法流行 令學道者頓悟菩提
시이 장차교법유행 영학도자돈오보리

各自觀心 自見本性 若自不悟 須覓大善知識
각자관심 자견본성 약자불오 수멱대선지식

解最上乘法者直示正路 是善知識 有大因緣.
해최상승법자직시정로 시선지식 유대인연

선지식아, 내가 홍인화상이 계신 곳에서 한 말씀을 듣고는
문득 깨달아서 진리의 본성을 보았기에
이 교법을 널리 펴서 도를 배우는 이들로 하여금 단번에
보리를 깨달아서 각자 스스로 마음을 살피고
스스로 본성을 보게 하려 하는데
만일 스스로 깨닫지 못하거든 언제든지 최상승법을 깨달은
선지식을 찾는 것이 바른 길이고 선지식과 인연이 있음이라.

所謂化導 令得見性 一切善法 因善知識 能發起故.
소위화도 영득견성 일체선법 인선지식 능발기고

그러므로 교화하고 인도해서 견성을 얻게 하는데
일체 선법이 선지식으로부터 비롯된 것이다.

三世諸佛 十二部經 在人性中 本自具有
삼세제불 십이부경 재인성중 본자구유

不能自悟 須求善知識 指示 方見.
불능자오 수구선지식 지시 방견

若自悟者 不假外求.
약자오자 불가외구

삼세제불과 십이부경이 사람의 성품에 있으며 본래 스스로
갖춰 있건마는 스스로 깨닫지 못하기 때문에
그러므로 선지식의 가르침을 받아야 보게 되느니라.
그러나 스스로 깨닫는 자는 밖에서 찾지 않느니라.

若一向執謂 須要他善知識 望得解脫者 無有是處.
약일향집위 수요타선지식 망득해탈자 무유시처

그리고 하나에 집착하여 선지식을 의지하여
해탈을 얻으려는 것은 옳지 않다.

何以故 自心內 有智識自悟
하이고 자심내 유지식자오

若起邪迷 妄念顚倒 外善知識 雖有敎授 救不可得.
약기사미 망념전도 외선지식 수유교수 구불가득

왜냐하면? 자기의 마음에 선지식이 있어서 스스로 깨닫는
것이다. 그러나 삿된 어리석음으로 인하여 망령된 생각으로
전도되면 다른 선지식이 비록 가르쳐 주더라도 깨닫지 못하리라.

若起正眞般若觀照 一刹那間 妄念
약기정진반야관조 일찰나간 망념

俱滅 若識自性一悟 卽至佛地.
구멸 약식자성일오 즉지불지

그러나 바르고 참된 반야를 잘 관조하면 한 찰나 사이에
헛된 생각이 모두 없어질 것이고 그러나 자성을 알아서
한번 깨달으면 곧 부처의 경지에 이르리라.

善知識, 智慧觀照 內外明徹 識自本心.
선지식 지혜관조 내외명철 식자본심

선지식아, 지혜로 관조하면 안과 밖이 분명히 통하는
자기 본심을 알게 된다.

若識本心 卽本解脫,
약식본심 즉본해탈

若得解脫 卽是般若三昧 卽是無念.
약득해탈 즉시반야삼매 즉시무념

그러나 본심을 알면 그대로가 해탈이요

그리고 해탈을 알면 이것이 곧 반야 삼매며 무념이니라.

何名無念 若見一切法 心不染著 是爲無念.
하명무념 약견일체법 심불염착 시위무념

무엇이 무념이냐 일체 법을 보더라도 마음이 물들거나

집착하지 않는 이것을 무념이라 하느니라.

用卽偏一切處 亦不著一切處
용즉변일체처 역불착일체처

但淨本心 使六識 出六門
단정본심 사육식 출육문

於六塵中 無染無雜 來去自由
어육진중 무염무잡 래거자유

通用無滯 卽是般若三昧
통용무체 즉시반야삼매

自在解脫 名無念行.
자재해탈 명무념행

작용이 일체 처에 있어도 일체 처에 집착하지 않고

다만 본심을 깨끗이 하여 육식으로 하여금 육문(육근)을

나오더라도 육진에 물들지 않고 섞이지 않아 오고 감이

자유롭고 통용에 걸림이 없는 이것이 곧 반야 삼매며

자재 해탈이고 무념행이라 이름 하느니라.

若百物 不思 當令念絶 卽是法縛 卽名邊見.
약백물 불사 당령념절 즉시법박 즉명변견

그리고 백가지를 생각하지 않고 생각으로 끊으려하면

이것은 법에 얽히는 것이라서 집착하여 얽매인 견해라 하느니라.

善知識, 悟無念法者 萬法盡通,
선지식 오무념법자 만법진통

悟無念法者 見諸佛境界,
오무념법자 견제불경계

梧無念法者 至佛地位.
오무념법자 지불지위

선지식아, 무념 법을 깨닫는 자는 만법이 통하며,

무념 법을 깨닫는 자는 모든 부처님의 경계를 보며,

무념 법을 깨닫는 자는 부처님의 지위에 이르느니라.

善知識, 後代 得吾法者 將此頓敎法門
선지식, 후대 득오법자 장차돈교법문

於同見同行 發願受持 如事佛故
어동견동행 발원수지 여사불고

終身而不退者 定入聖位.
종신이불퇴자 정입성위

선지식아, 후대에 나의 법을 얻은 자가

이 돈교一句下 법문을 가지고 견해가 같아서

같은 행을 하는 사람에게 받아 지니도록 원을 세워

부처님 섬기는 것 같이 몸이 다하도록 물러나지 않으면

성인의 지위에 들리라.

然 須傳授從上以來 默傳分付
연 수전수종상이래 묵전분부

不得匿其正法 若不同見同行
불득익기정법 약부동견동행

在別法中 不得傳付.
재별법중 부득전부

그러므로 위로부터 본래 말없이 전해 내려오는 분부를 다시 전해주어서 그 정법을 숨기지 말아야 하겠지만 견해가 같지 않고 행이 같지 않는 다른 법에는 당부하며 전하지 말라.

損彼前人 究境無益 恐愚人 不解
손피전인 구경무익 공우인 부해

謗此法門 百劫千生 斷佛種性.
방차법문 백겁천생 단불종성

비난하는 것에 앞장서는 사람은 아무런 이익이 없을 것이며, 어리석은 사람이 이해하지 못하고 이 법문을 비방하여 백겁 천생에 부처 될 성품을 끊는다.

善知識, 吾有一無相頌 各須誦取
선지식 오유일무상송 각수송취

在家出家 但依此修. 若不自修
재가출가 단의차수 약불자수

惟記吾言 亦無有益. 聽吾頌 曰."
유기오언 역무유익 청오송 왈

선지식아, 내게 무상송이 하나 있으니 각자 외워 지니어 재가 인이나 출가 인이나 이것을 의지하여 닦아라.

그러나 스스로 닦지 않고 나의 말만 기억하면
이익이 없을 것이니라. 나의 게송을 들어라."

說通及心通 如日處虛空,
설 통 급 심 통 여 일 처 허 공

唯傳見性法 出世破邪宗.
유 전 견 성 법 출 세 파 사 종

말로 통하고 마음이 통하는 것은
태양이 허공에 있는 것과 같으니,
오직 견성하는 법만 전하여 부처가 나와
삿된 가르침을 지운다.

法卽無頓漸 迷悟 有遲疾.
법 즉 무 돈 점 미 오 유 지 질

只此見性門 愚人不可悉.
지 차 견 성 문 우 인 불 가 실

법은 곧 돈과 점이 없건마는
어리석음迷과 깨달음悟에는 더디고 빠름이 있네.
다만 깨닫는 길을 어리석은 사람은 알지 못하네.

說卽雖萬般 合理 還歸一, 煩惱暗宅中 常須生慧日.
설 즉 수 만 반 합 리 환 귀 일 번 뇌 암 택 중 상 수 생 혜 일

말로는 비록 만 가지지만 이치에 합하면
도리어 하나로 돌아감이니,
번뇌로 어두운 집에서는 항상 지혜의 햇빛을 낼지어다.

邪來 煩惱至 正來 煩惱除,
사래 번뇌지 정래 번뇌제

邪正 俱不用 淸淨至無餘.
사정 구불용 청정지무여

삿된 것이 오면 번뇌가 일어나고 바른 것이 오면
번뇌가 사라지리니, 삿된 것과 바른 것을 다 하지 않으면
청정하여 남음이 없는데 이르리라.

菩提本自性 起心卽是妄. 淨心 在妄中 但正 無三障.
보리본자성 기심즉시망 정심 재망중 단정 무삼장

보리의 근본 자성에 마음을 일으키면 곧 망념이라.
깨끗한 마음이 망념 가운데에 있으니 바르면
세 가지 장애가 없으리라.

世人 若修道 一切 盡不妨 常自見己過 與道卽相當.
세인 약수도 일체 진불방 상자견기과 여도즉상당

세상 사람들이 도를 닦으면 일체가 방해되지 않나니
언제나 스스로 자기의 허물을 보면 도와 더불어
곧 서로 상응하리라.

色類 自有道 各不相妨惱, 離道別覓道 終身不見道.
색류 자유도 각불상방뇌 이도별멱도 종신불견도

보이는 것은 스스로 도가 있어 서로 방해하고 괴롭히지 않으니,
도를 다른 곳에서 따로 도를 찾으면
몸이 다하여도 도를 보지 못하리라.

波波度一生 到頭 還自懊,
파 파 도 일 생 도 두 환 자 오

欲得見眞道. 行正 卽是道.
욕 득 견 진 도 행 정 즉 시 도

부질없는 삶을 뒤돌아보고자 하느냐

참된 도를 보고자 하느냐.

바른 것을 행하는 것이 곧 도이니라.

自若無道心 闇行不見道, 若眞修道人 不見世間過.
자 약 무 도 심 암 행 불 견 도 약 진 수 도 인 불 견 세 간 과

스스로 그러나 도의 마음이 없으면 행하지 아니 하므로

도를 보지 못하나니, 그러나 참으로 도 닦는 사람이라면

세간의 허물을 보지 말아야.

若見他人非 自非 却是左. 他非我不非 我非 自有過.
약 견 타 인 비 자 비 각 시 좌 타 비 아 불 비 아 비 자 유 과

그리고 남의 그릇됨을 보면 도리어 나의 그릇됨이 되느니라.

다른 이는 그릇되고 나는 그르지 않다 하면

나는 그르지 않다 하는 그것이 스스로 허물이니라.

但自却非心 打除煩惱破 憎愛不關心 長伸兩脚臥.
단 자 각 비 심 타 제 번 뇌 파 증 애 불 관 심 장 신 양 각 와

그러나 스스로 그르게 여기는 마음을 뒤집어

번뇌를 지워버리고 밉고 고운 데에 관심이 없으면

길게 두 다리 펴고 누우리라.

欲擬化他人 自須有方便. 勿令彼有疑 卽是自性現.
욕 의 화 타 인 　자 수 유 방 편 　물 령 피 유 의 　즉 시 자 성 현

다른 사람을 교화하고자 하면 스스로 올바른 방편을 쓰라.

그러하면 올바르니 의심이 없고 곧 자성이 있느니라.

佛法 在世間 不離世間覺,
불 법 　재 세 간 　불 리 세 간 각

불법은 세상살이에 있는데 세상살이를 떠난 깨달음은 없음이니,

離世覓菩提 恰如求兎角.
이 세 멱 보 리 　흡 여 구 토 각

正見 名出世, 邪見 是世間,
정 견 　명 출 세 　사 견 　시 세 간

삶 밖에서 보리를 찾으면 마치 토끼 뿔을 얻고자 함이고.

없는 것을 있다 하니, 삿된 것이 곧 세간이라,

邪正 盡打却 菩提性宛然. 此頌 是頓敎 亦名大法船
사 정 　진 타 각 　보 리 성 완 연 　차 송 　시 돈 교 　역 명 대 법 선

바르지 않은 것을 물리치면 보리 성품이 완연하리라.

이런 송이 바로 돈교며 또한 이름이 대법선大法船이니

迷聞 經累劫 悟卽刹那間.
미 문 　경 누 겁 　오 즉 찰 나 간

어리석어서 부처님 말씀을 오랜 겁에 들어도,

깨달으면 곧 찰나 이니라.

師 復曰.
사 부왈

"今於大梵寺 說此頓教
" 금어대범사 설차돈교

普願法界衆生 言下 見性成佛"
보원법계중생 언하 견성성불

대사께서 다시금 말씀하셨다.

"방금 대범사에서 이 돈교를 설했으니

온 법계의 중생이 이 말을 듣고

견성 성불하기를 원하노라."

時 韋使君 與官僚道俗
시 위사군 여관료도속

聞師所說 無不省悟 一時 作禮
문사소설 무불성오 일시 작례

"皆歎善哉 何期嶺南 有佛出世".
개탄선재 하기영남 유불출세

그때 위아래 없이 관료와 도 닦는 이와 속인들이 대사의

설법을 듣고 깨닫지 못한 이가 없었기에

함께 예를 올리고 찬탄하기를

"거룩하십니다. 어찌 남방에서 부처님이 나오실 것이라

짐작이나 했겠습니까!" 하였다.

3. 疑問品
의 문 품

一時 韋刺士 爲師 設大會齊.
일시 위자사 위사 설대회제

어느 날 위자사가 스승을 위하여 큰 재를 베풀었다.

齊訖 刺士 請師陞座 同官僚士庶 肅容再拜
제흘 자사 청사승좌 동관료사서 숙용재배

問曰弟子 聞和尚說法 實不可思議.
문왈제자 문화상설법 실불가사의

재를 마치고 자사는 대사를 청하여 자리에 오르시게 하고

관료와 선비와 백성들과 함께 엄숙한 모습으로 거듭 절하고

여쭙기를 "제자가 화상의 설법을 들으니 실로 불가사의합니다.

今有少疑 願大慈悲 特爲解說.
금유소의 원대자비 특위해설

지금 작은 의심이 있어서 원하오니

대자비로 특별히 말씀하여 주십시오." 하니

師曰 有疑卽問 吾當爲說. 韋公曰
사왈 유의즉문 오당위설 위공왈

和尙所說 可不是達摩大師宗旨乎.
화상소설 가불시달마대사종지호

대사가 말하길 "의심이 있거든 바로 물어라.
내가 마땅히 말해 주리라." 하시므로
위공이 묻기를 "화상께서 설하신 바는
달마 대사의 종지가 아닙니까?" 하니

師曰 是 公曰 弟子 聞達摩 初化梁武帝 帝 問云朕
사왈 시 공왈 제자 문달마 초화양무제 제 문운짐

一生 造寺供僧 布施設齋 有何功德.
일생 조사공승 보시설제 유하공덕

대사가 말하기를 "그러하니라." 하시기에 공이 말하길
"제자가 듣기로는 달마대사께서 처음 양 무제를 교화하실 때
양 무제가 여쭙기를
"짐이 일생동안 절을 짓고 스님들을 공양하고 보시를 하며
재를 베풀었으니 어떤 공덕이 있습니까?" 라고 하시니

達摩 言 實無功德 弟子 未達此理 願和尙 爲說.
달마 언 실무공덕 제자 미달차리 원화상 위설

달마대사께서 말씀하시기를 "실로 공덕이 없습니다." 라고
하셨는데 "제자는 이 이치를 알지 못하겠으니
원컨대 화상께서 설하여 주십시오." 하였다.

師曰 實無功德. 勿疑先聖之言.
사왈 실무공덕 물의선성지언

武帝 心邪 不知正法 造寺供養
무제 심사 부지정법 조사공양

布施設齊 名爲求福.
보시설제 명위구복

대사가 말씀하셨다. "실로 공덕이 없느니라.

옛 성인의 말씀을 의심하지 말라.

무제가 마음이 삿되어 정법을 알지 못한 것이다.

절을 짓고 공양하며 보시하고 재를 베푼 것은 이름 하여

복을 구하였을 뿐이다.

不可將福 便爲功德 功德 在法身中 不在修福.
불가장복 변위공덕 공덕 재법신중 부재수복

복은 공덕으로 삼을 수 없다. 공덕은 법신 가운데 있지,

복을 닦는데 있지 않느니라."

師 又曰見性 是功 平等 是德 念念無滯 常見本性
사 우왈견성 시공 평등 시덕 염념무체 상견본성

眞實妙用 名爲功德.
진실묘용 명위공덕

대사께서 다시 말씀하시길

"성품을 보는 것이 공功 이요, 평등함이 곧 덕德 이다.

언제나 생각에 막힘이 없어서 항상 본성의 바른 모습을

훌륭하게 베푸는 것을 공덕이라 하느니라.

眞實妙用 : 바른 모습을 훌륭하게 베푸는 것.

內心謙下 是功, 外行於禮 是德,
내 심 겸 하 시 공 외 행 어 례 시 덕

自性 建立萬法 是功,
자 성 건 립 만 법 시 공

안으로 마음을 겸손하게 낮추는 것이 곧 공功 이요,

밖으로 예를 행하는 것이 덕德 이며,

자성이 만법에 있으니[建立萬法] 곧 공功 이요,

心體離念 是德, 不離自性 是功,
심 체 이 념 시 덕 불 리 자 성 시 공

應用無念 是德, 若覓功德法身 但依此作 是眞功德.
응 용 무 념 시 덕 약 멱 공 덕 법 신 단 의 차 작 시 진 공 덕

마음과 생각을 떼어놓을 수 없으니 덕이며[心體離念 是德],

자성과 떼어놓을 수 없으니 공이요[不離自性 是功],

베푼다는 생각이 없으니[應用無念] 곧 덕이라, 이러한 공덕의

법신을 찾고자 하면 이렇게 하는 이것이 참된 공덕이니라.

若修功德之人 心卽不輕 常行普敬.
약 수 공 덕 지 인 심 즉 불 경 상 행 보 경 .

그러므로 공덕을 닦는 사람이라면 마음으로 남을 가벼이

여기지 말고 항상 널리 공경하여야 하느니라.

心常輕人 吾我 不斷 卽自無功
심 상 경 인 오 아 부 단 즉 자 무 공

自性 虛妄不實 卽自無德.
자 성 허 망 부 실 즉 자 무 덕

爲吾我自大 常輕一切故.
위 오 아 자 대 상 경 일 체 고

마음으로는 항상 다른 사람을 가볍게 여겨서 "나"라는 마음을 놓지 않으면 스스로 공이 없고 자성이 허망하여 진실하지 아니하니 곧 스스로 덕이 없음이니라.
내 생각이 스스로 잘난 체하고 항상 일체를 가벼이 여기기 때문이니라.

善知識, 念念無間 是功, 心行平直 是德,
선지식 염념무간 시공 심행평직 시덕

自修性 是功, 自修身 是德.
자수성 시공 자수신 시덕

선지식아, 언제나 생각이 이어짐이 곧 공이요, 마음을 평등하게 유지함이 덕이며, 스스로 성품을 닦는 것이 공이요, 스스로 닦아 증명하는 것이 덕이니라.

善知識, 功德 須自性内見 不是布施供養之所救也.
선지식 공덕 수자성내견 불시보시공양지소구야

선지식아, 공덕은 언제나 자성을 살펴보는 것이지, 보시나 공양으로 구하는 것이 아니니라.

是以 福德 與功德 別.
시이 복덕 여공덕 별

武帝 不識眞理 非我祖師 有過.
무제 불식진리 비아조사 유과

그러하므로 복덕이 공덕과는 다른 것이니라. 무제가 진리를 알지 못하였을 뿐 우리 조사에게 허물이 있는 것이 아니니라."

又問弟子 常見僧俗 念阿彌陀佛 願生西方
우 문 제 자 　상 견 승 속 　염 아 미 타 불 　원 생 서 방

請和尙 說. 得生彼否. 願爲破疑.
청 화 상 　설 　득 생 피 부 　원 위 파 의

다시 여쭙기를 "제자가 항상 보니 승과 속이 아미타불을 염하며 서방극락에 나기를 원하던데, 청컨대 화상께서 설하여 주십시오. 그 곳에 태어날 수 있습니까?
원하오니 의심을 풀어주십시오." 하니

師 言 使君, 善聽 惠能 與說.
사 　언 　사 군 　선 청 　혜 능 　여 설

대사가 말씀하셨다. "위 사군은 잘 들어라.
내가 설하여 주겠노라.

世尊 在舍衛城中 說西方引化
세 존 　재 사 위 성 중 　설 서 방 인 화

經文 分明去此不遠 若論相說
경 문 　분 명 거 차 불 원 　약 론 상 설

里數 有十萬八千, 卽身中 十惡八邪 便是說遠.
이 수 　유 십 만 팔 천 　즉 신 중 　십 악 팔 사 　변 시 설 원

세존이 사위성에 계실 때에 서방으로 인도하여 교화한다고 설하셨는데 경문에 보면 분명히 이곳에서 멀지 않다 하셨고 만일 현상계로 논하여 말한다면 거리가 십만 팔 천리다 하셨는데, 이것은 바로 내가 느끼는 십악十惡과 팔사八邪를 가리킨 것으로 멀다고 하신 말씀이다.

說遠 爲其下根 說根 爲其上智. 人有兩種 法無兩般.
설원 위기하근 설근 위기상지 인유양종 법무양반

迷悟有殊 見有遲疾.
미오유수 견유지질

멀다고 설하신 것은 낮은 근기를 위한 것이고
가깝다고 설하신 것은 높은 근기를 위한 것이다.
사람에게는 낮고 높은 두 가지가 있으나 법에는 두 가지가
없느니라. 어리석음과 깨달음이 다르므로 보는 것이
늦을 수 있고 빠를 수 있느니라.

迷人 念佛 救生於彼 悟人 自淨其心. 所以 佛言
미인 염불 구생어피 오인 자정기심 소이 불언

隨其心淨 卽佛土淨.
수기심정 즉불토정

어리석은 이는 염불하여 저곳에 나기를 구하고
깨달은 사람은 스스로 그 마음을 깨끗이 하느니라.
그러므로 부처님께서 말씀하시기를
"그 마음이 깨끗함을 따라서 곧 불토가 깨끗하다." 하셨느니라.

使君, 東方人 但心淨 卽無罪
사군 동방인 단심정 즉무죄

雖西方人 心不淨 亦有愆.
수서방인 심불정 역유건

사군아, 동방 사람이라도 마음만 깨끗하면 곧 죄가 없고
비록 서방 사람이라도 마음이 깨끗하지 못하면
역시 허물이 있느니라.

東方人 造罪 念佛 求生西方
동방인 조죄 염불 구생서방

西方人 造罪 念佛 求生何國.
서방인 조죄 염불 구생하국

동방 사람이 죄를 지으면 염불하여 서방에 나기를 구하겠지만
서방 사람이 죄를 짓고 염불하면 어느 나라에 태어나겠는가?

凡愚 不了自性 不識身中淨土
범우 불료자성 불식신중정토

願東願西 悟人 在處一般.
원동원서 오인 재처일반

所以 佛言 隨所住處 恒安樂.
소이 불언 수소주처 항안락

어리석은 범부는 자성을 모르니 느끼고 체험하는 그곳에
정토가 있는 것을 알지 못하고 동방을 원하고 서방을
원하지만 깨달은 사람은 어디에 있으나 똑 같은 것이다.
그러므로 부처님께서 말씀하시를
"머무는 곳마다 항상 안락하다." 하셨느니라.

使君, 心地 但無不善 西方 去此不遙 若懷不善之心
사군 심지 단무불선 서방 거차불요 약회불선지심

念佛 往生難到.
염불 왕생난도

사군아, 지닌 마음이 그렇게 착하면 서방이 여기서 멀지
않으나 착하지 못한 마음을 품으면 염불을 하여도
태어나기는 어려우니라.

今勸善知識 先除十惡 卽行十萬
금권선지식 선제십악 즉행십만

後除八邪 乃過八千 念念見性
후제팔사 내과팔천 염념견성

常行平直 到如彈指 便覩彌陀.
상행평직 도여탄지 편도미타

지금 선지식을 따라서 먼저 십악을 다스리면 곧 십만 리를 가는 것이고 다음에 팔사를 다스리면 곧 팔 천리를 지나가는 것이니 언제나 성품을 보아 항상 평등하고 바르게 행하면 손가락 한 번 튕기는 사이에 바로 아미타불을 본다.

使君, 但行十善 何須更願往生
사군 단행십선 하수갱원왕생

不斷十惡之心 何佛 卽來迎請.
부단십악지심 하불 즉래영청

사군아, 오직 십선十善을 행하면서 언제 다시 왕생을 원할 것이며 십악의 마음을 놓아버리지 못한다면 내 부처는 어디서 찾을 것인가?

若悟無生頓法 見西方 只在刹那
약오무생돈법 견서방 지재찰나

不悟 念佛求生 路遙 如何得達.
불오 염불구생 로요 여하득달

그러하니 본래 법이 아님을 바로頓法 깨달으면 서방이 찰나에 있음을 보지만 깨닫지 못하고 염불하여 서방에 태어나기를 염원해도 너무 먼 길인데 어찌 도달할 수 있겠는가?

惠能 與諸人 移西方於刹那間 目前便見 各願見否.
혜능 여제인 이서방어찰나간 목전변견 각원견부

내가 여기 있는 사람들을 한 순간에 서방을 눈앞에서
바로 볼 수 있도록 할 것이니 모두들 보기를 원하느냐?

衆皆頂禮云 若此處 見 何須更願往生.
중개정례운 약차처 견 하수갱원왕생

願和尙 慈悲 便現西方 普令得見.
원화상 자비 변현서방 보령득견

모인 이들이 다 예를 갖추어,
"만일 이곳에서 볼 수 있다면 구태여
다시 왕생을 원하겠습니까?
원하오니 화상께서 자비로 서방을 바로 드러내시어
모두 다 볼 수 있게 하여 주십시오." 하므로

師言 大衆 世人 自色身 是城 眼耳鼻舌 是門.
사언 대중 세인 자색신 시성 안이비설 시문

外有五門 內有意門. 心是地 性是王.
외유오문 내유의문 심시지 성시왕

대사가 말씀하셨다. "대중들아 세상 사람은 스스로 느끼고
증명하는 몸은 땅城이고, 안眼, 이耳, 비鼻, 설舌은 땅城에
들어가는 문이다. 밖으로는 다섯 문이 있고,
안으로는 생각하는 뜻意의 문이 있다.
마음은 땅이며 성품이 왕이니라.

王居心地上 性在 王在 性去 王無, 性在 身心 存,
왕거심지상 성재 왕재 성거 왕무 성재 신심 존

性去 身心 壞, 佛向性中作 莫向身外求.
성거 신심 괴 불향성중작 막향신외구

왕이 마음 땅 위에 지내는데 성품이 있으면 왕이 있고,
성품이 가면 왕이 없으며, 성품이 있으면 땅城과 마음이 있고,
성품意이 가면 몸과 마음이 무너지니,
부처인 성품을 부릴지언정 몸 밖을 향하여 구하지 마라.

自性 迷 卽是衆生 自性 覺 卽是佛. 慈悲 卽是觀音
자성 미 즉시중생 자성 각 즉시불 자비 즉시관음

喜捨 名爲勢至 能淨 卽釋迦 平直 卽彌陀.
희사 명위세지 능정 즉석가 평직 즉미타

자성이 어리석어면 곧 중생이고 자성을 깨달으면 곧 부처라.
자비는 곧 관세음보살이고 희사喜捨는 대세지보살이며
청정함은 석가모니 부처님이고
평등하고 자애로운 아미타부처님이다.

人我 是須彌, 邪心 是海水,
인아 시수미 사심 시해수

煩惱 是波浪, 毒害 是惡龍,
번뇌 시파랑 독해 시악룡

虛妄 是鬼神, 塵勞 是魚鼈,
허망 시귀신 진노 시어별

貪瞋 是地獄, 愚癡 是畜生.
탐진 시지옥 우치 시축생

나다 하는 생각은 수미산이고, 삿된 마음은 바닷물이고,

번뇌는 물결이며, 해치고 괴롭히는 것은 악한용이고, 헛된 망상은 귀신이며, 세상살이의 괴로움은 물고기나 자라 이며, 탐내고 성내는 것은 지옥이며, 어리석음은 곧 축생이니라.

善知識, 常行十善 天堂 便至, 除人我 須彌 倒,
선지식 상행십선 천당 변지 제인아 수미 도

去邪心 海水竭, 煩惱無 波浪 滅, 毒害除 魚龍 絶.
거사심 해수갈 번뇌무 파랑 멸 독해제 어룡 절

선지식아, 항상 십선을 행하면 천당에 곧 이르고, 나我라는 것에 머물지 않으면 바로 미륵이니, 사심을 거두면 바닷물처럼 풍부하고, 번뇌가 없으면 물결이 잠잠해지고,
해하고 괴롭힘을 다스리면 매우 훌륭한 이다.

自心地上 覺性如來 放大光明
자심지상 각성여래 방대광명

外照六門清淨 能破六欲諸天
외조육문청정 능파육욕제천

自性内照 三毒 卽除 地獄嶝罪
자성내조 삼독 즉제 지옥등죄

一時消滅 内外明徹 不異西方
일시소멸 내외명철 불이서방

不作此修 如何到彼.
불작차수 여하도피

자기의 마음자리에는 각성여래가 큰 광명을 놓아서 밖으로 육문을 청정하게 비추면 능히 육욕 제천六欲諸天을 지우고 자성을 밝히면 삼독이 바로 다스려지고 지옥 가는 죄가

일시에 소멸하여 안과 밖을 명료하게 꿰뚫어 서방과 다르지 않으리라. 이렇게 닦지 아니하면 어떻게 깨달음에 이르겠느냐."

大衆 聞說 了然見性 悉皆禮拜
대중 문설 요연견성 실개예배

俱歎善哉 唯言 普願法系衆生
구탄선재 유언 보원법계중생

聞者 一時悟解.
문자 일시오해

대중이 설법을 듣고는 자기의 성품을 똑똑히 보고 다 함께 예배하며 "거룩하시다."라고 찬탄하고 "원하오니 온 법계 중생이 듣고서 한꺼번에 깨달았으면 좋겠습니다."라고 하였다.

師言 善知識, 若欲修行 在家亦得. 不由在寺.
사언 선지식 약욕수행 재가역득 불유재사

在家能行 如東方人心善,
재가능행 여동방인심선

在寺不修 如西方人心惡 但心清淨
재사불수 여서방인심악 단심청정

卽是自性西方.
즉시자성서방

대사가 말씀하셨다. "선지식아, 그러하므로 수행하고자 하면 재가불자라도 할 수 있다. 절에 있어야만 되는 것이 아니다. 집에 있어도 능히 행하면 동방인으로서 선한 마음이면 되고, 절에 있어도 닦지 않으면 서방인으로서 마음이 악한 것과 같은 것이다. 마음만 청정하면 이것이 곧 자성의 서방이니라."

韋公 又問 在家 如何修行 願爲教授,
위공 우문 재가 여하수행 원위교수

師言 吾與大衆 說無相頌,
사언 오여대중 설무상송

但依此修 常與吾 同處無別,
단의차수 상여오 동처무별

若不依此修 剃髮出家 於道 何益.
약불의차수 체발출가 어도 하익

頌曰.
송왈

위공이 또 여쭙기를 "집에 있는 사람은 어떻게 수행하여야 합니까? 원컨대 가르쳐 주십시오." 하니,

대사가 말씀하시기를 "내가 대중에게 무상송無相頌을 설하리니, 그러므로 이를 의지하여 닦으면 항상 나와 함께 있는 것이나 다름이 없겠지만, 그러나 이를 의지하여 닦지 아니하면 머리를 깎고 출가한들 도에 무슨 이익이 되겠느냐." 하시며 게송으로 말씀하셨다.

心平 何勞持戒 行直 何用修禪.
심평 하로지계 행직 하용수선

마음이 편안하면 어찌 계가 필요하며
올바른 행을 하면 선을 닦아 무엇 하리.

恩卽孝養父母 義卽上下相憐
은즉효양부모 의즉상하상련

은혜로 친히 부모를 모시고
착하게 위아래가 서로 사랑하며

讓卽尊卑和睦 忍卽衆惡無喧.
양 즉 존 비 화 목 인 즉 중 악 무 훤

겸손하면 높고 낮은 이가 화목하고

참으면 온갖 것이 미워도 조용하니라.

若能鑽木出火 淤泥 定生紅蓮.
약 능 찬 목 출 화 어 니 정 생 홍 련

능히 나무를 비벼 불을 피우듯

진흙에서 좋은 홍련이 피어나리라.

苦口的是良藥 亦耳必是忠言.
고 구 적 시 양 약 역 이 필 시 충 언

입에 쓴 것은 반드시 좋은 약이고,

귀에 거슬리는 것은 반드시 좋은 말이니라.

改過必生智慧 護短心内非賢.
개 과 필 생 지 혜 호 단 심 내 비 현

허물을 고치면 반드시 지혜가 나고

흉을 가리면 선량한 마음이 아니다.

日用 常行饒益. 成道 非由施錢.
일 용 상 행 요 익 성 도 비 유 시 전

나날이 언제나 이로운 것을 행하여라.

도는 재물을 보시함에 있지 않느니라.

菩提只向心覓 何勞向外求玄.
보 리 지 향 심 멱 하 로 향 외 구 현

보리는 마음에서 찾을지언정
어찌 밖에서 구하고자 애쓰는가.

聽說依此修行 西方 只在目前.
청 설 의 차 수 행 서 방 지 재 목 전

내 말을 듣고 이대로 수행하면
서방이 바로 눈앞에 있을 것이다.

師 復曰 善知識, 總須依偈修行 見取自性 直成佛道.
사 부 왈 선 지 식 총 수 의 게 수 행 견 취 자 성 직 성 불 도

法不相待 衆人 且散. 吾歸曹溪 衆若有疑 却來相問.
법 불 상 대 중 인 차 산 오 귀 조 계 중 약 유 의 각 래 상 문

다시 말씀하시기를
"선지식아, 모두 다 이 게송을 의지하여 수행하고 자성을
보면 바로 불도를 이루리라. 법은 기다리지 않으니
대중은 이제 가거라. 나도 조계로 돌아가리니
의심나는 것이 있으면 누구든지 와서 물어라."

時 刺史官僚 在會善男善女 各得開悟 信受奉行.
시 자 사 관 료 재 회 선 남 선 녀 각 득 개 오 신 수 봉 행

그때에 자사와 관료와 그 모임에 있던 선남자 선 여인이
각각 깨달음을 얻어서 믿고 받아들이며 받들어 행하였다.

4. 定慧品
정 혜 품

師 示衆云善知識, 我此法門 以定慧 爲本.
사 시중운선지식 아차법문 이정혜 위본

大衆 勿迷 言定慧別.
대중 물미 언정혜별

대사가 대중에게 말씀하셨다.

선지식아, 나의 법문은 정定과 혜慧로써 근본을 삼는다.

대중은 어리석게 정定과 혜慧가 다르다고 말하지 말라.

定慧 一體 不是二.
정혜 일체 불시이

定是慧體 慧是定用.
정시혜체 혜시정용

卽慧之時 定在慧 卽定之時 慧在定.
즉혜지시 정재혜 즉정지시 혜재정

若識此義 卽是定慧等學.
약식차의 즉시정혜등학

정혜定慧는 같은 것이며 둘이 아니다.

정은 혜의 바탕이요, 혜는 정에 의지한다.

혜가 나타날 때 정이 혜에 있고, 정이 나타날 때 혜가 정에 있다.

그러므로 이 뜻을 알면 곧 정과 혜를 모두 배우는 것이니라.

諸學道人 莫言先定發慧 先慧發定 各別.
제학도인 막언선정발혜 선혜발정 각별

作此見者 法有二相 口說善語 心中不善.
작차견자 법유이상 구설선어 심중불선

空有定慧 定慧不等 若心口俱善
공유정혜 정혜부등 약심구구선

內外一種 定慧卽等.
내외일종 정혜즉등

도를 배우는 사람들은 정을 먼저 알고 혜를 알아야 하고,
혜를 먼저 알아야 정을 알 수 있다고 서로 다르다 말하지 말라.
이렇게 보는 자는 법에 두 모양이 있어
입으로 선한 말을 하지만 마음속이 선하지 못하니라.
정혜定慧가 있니 없니, 정혜가 같지 않다 한다.
그러나 마음과 말이 다 선하니 안 밖이 같은 것이니
즉 정혜가 같다 하리라.

自悟修行 不在於諍.
자오수행 부재어쟁

若諍先後 卽同迷人 不斷勝負 却增我法 不離四相.
약쟁선후 즉동미인 부단승부 각증아법 불리사상

스스로 깨달아 수행함은 주장하는데 있지 않다.
그러므로 선후를 주장하면 즉 어리석은 사람과 같으며,
옳고 그름을 주장하면 나我와 진리法라는 것만 늘어놓으니
사상四相인 생로병사生老病死을 여의지 못하리라.

善知識, 定慧 猶女何等, 猶女燈光 有燈卽光,
선 지 식, 정 혜 유 여 하 등, 유 여 등 광 유 등 즉 광

無燈卽暗 燈是光之體, 光是燈之用.
무 등 즉 암 등 시 광 지 체 광 시 등 지 용

선지식아, 정혜는 무엇이 같은가?,
등불과 같아서 등이 있으니 빛이 있고,
등이 없으면 바로 어둠이고 등은 빛의 본체요,
빛은 등에 의지한다.

名雖有二 體本同一 此定慧法 亦復如是.
명 수 유 이 체 본 동 일 차 정 혜 법 역 부 여 시

이름은 비록 둘이지만 체는 본래 같은 것처럼
이 정혜의 법도 그와 같으니라.

師示衆云善知識, 一行三昧者
사 시 중 운 선 지 식 일 행 삼 매 자

於一切處行住坐臥 常行一直心 是也,
어 일 체 처 행 주 좌 와 상 행 일 직 심 시 야

如淨名經 云直心 是道場 直心 是淨土.
여 정 명 경 운 직 심 시 도 량 직 심 시 정 토

대중들을 보고 말씀하시길 선지식아,
한번 삼매에 든 자는 언제 어느 곳이든.
행, 주, 좌, 와 항상 한결 같은 마음으로 수행하니
정명경에 이르시기를 "편안한 마음이 곧 도량이요,
편안한 마음이 곧 정토다." 하시었듯이

莫心行 諂曲 口但說直
막심행 첨곡 구단설직

口說一行三昧 不行直心 但行直心
구설일행삼매 불행직심 단행직심

於一切法 勿有執着.
어일체법 물유집착

마음과 행동이 지조 없이 입으로만 편안을 말하고
말로 삼매에 들었다 말하지 말며 평온한 마음아 아니면
바로 평안한 마음을 가지고 지녀서 현상에 얽매이지 말라.

迷人 着法相 執一行三昧
미인 착법상 집일행삼매

直言坐不動 妄不起心 卽是一行三昧
직언좌부동 망불기심 즉시일행삼매

作此解者 卽同無情 却是障道因緣.
작차해자 즉동무정 각시장도인연

어리석은 이는 진리法가 분명함에도 삼매에 집착하여 말하기를
앉지도 움직임도 아닌 망령된 마음을 일행삼매라 하는데,
이러한 생각을 지닌 자는 진리를 모르는 것이니
도와 인연에 도리어 장애되느니라.

善知識, 道須通流 何以却滯. 心不住法 道卽通流
선지식 도수통류 하이각체 심부주법 도즉통류

心若住法 名爲自縛.
심약주법 명위자박

선지식아, 도는 오로지 막힘이 없어야지
어찌 도리어 막히게 하겠느냐.

마음이 진리에 머물지 않으면 진리가 통하여 흐르지만
마음이 진리에 머무르면 스스로를 얽어매는 것이 되느니라.

若言常坐不動 是 只如舍利弗
약언상좌부동 시 지여사리불

宴坐林中 却被維摩詰訶.
연좌림중 각피유마힐가

그러나 앉고 움직이지 않는 것이 옳다고 말한다면
이는 사리불이 숲 속에 평온하게 앉아 있다가
도리어 유마힐의 책망을 듣는 것 같으니라.

善知識, 又有人 敎坐 看心觀靜
선지식 우유인 교좌 간심관정

不動不起 從此置功 迷人
부동불기 종차치공 미인

不會 便執成顚. 如此者 衆 如是相敎 故知大錯.
불회 변집성전 여차자 중 여시상교 고지대착

선지식아, 또 어떤 사람을 앉게 하되 마음을 보고
고요함을 관해서 움직이지 않고 일어나지 아니하는 이것으로
공부를 하게 한다고 하면, 어리석은 사람은 알지 못하고
이것이 도를 이루는 근본이라 집착한다.
이러한 자가 많고 이와 같이 가르치니 이는 크게 잘못된 것이다.

師示衆云 善知識, 本來正敎 無有頓漸
사시중운 선지식 본래정교 무유돈점

人性 自有利鈍 迷人 漸契
인성 자유이둔 미인 점계

悟人 頓修 自識本心 自見本性 卽無差別.
오인 돈수 자식본심 자견본성 즉무차별

所以 立頓漸之假名.
소이 입돈점지가명

스승이 대중을 향하여 이르기를 선지식아, 본래 옳은 가르침에는 돈頓과 점漸이 없지마는 사람의 성품이 영리함과 우둔함이 있어서 어리석은 사람은 점차로 깨닫게 되고 슬기로운 사람은 단번에 닦아 스스로 본심을 깨달아 본성을 보는 것이니 곧 차별이 없는 것이다. 이것은 돈과 점이란 거짓 이름을 붙인 것이다.

善知識, 我此法門 從上以來
선지식 아차법문 종상이래

先立無念爲宗 無相爲體, 無住爲本.
선립무념위종 무상위체 무주위본

선지식아, 나의 법문은 위로부터 내려오는 것으로 먼저 무념無念을 내세워 종宗으로 삼고, 무상無相으로 체體를 삼으며, 무주無住로 근본을 삼는다.

無相者 於相而離相, 無念者 於念而無念,
무상자 어상이리상 무념자 어념이무념

무상 자는 상에 대하여 상에 무주無住하는 것이고,
무념 자는 생각에 대하여 무주無住하는 것이고,

無住者 人之本性 於世間善惡好醜
무주자 인지본성 어세간선악호추

乃至冤之與親 言語觸刺
내지원지여친 언어촉자

欺爭之時 竝將爲空 不思酬害 念念之中 不思前境.
기쟁지시 병장위공 불사수해 염념지중 불사전경

무주자는 사람의 본성이 세간의 선악과 좋아하고 밉고 친하고 원수 같고 말로 헐뜯고 찌르고 속이고 다툴 때에도 모두 공空한 것으로 여겨서 해칠 생각이 없어 언제나 생각이 그 전 경계에 생각이 머물지 않는 것이다.

若前念今念後念 念念相續不斷
약전념금념후념 염념상속부단

名爲繫縛 於諸法上 念念不住
명위계박 어제법상 염념부주

卽無縛也. 此是以無住 爲本.
즉무박야 차시이무주 위본

그러하므로 앞생각과 지금 생각과 뒷생각이 언제나 이어져서 끊어지지 않으면 얽매임이라 하고 모든 법에 대하여 언제나 생각이 머무르지 않으면 곧 얽매임이 없는 것이다. 이것이 곧 무주로써 근본을 삼는 것이니라.

善知識, 外離一切相 名爲無相.
선지식 외리일체상 명위무상

能離於相 卽法體淸淨 此是以無相 爲體.
능리어상 즉법체청정 차시이무상 위체

선지식아, 밖으로 일체의 상에 머물지 않으면 무상이라 한다. 능히 상에 머물지 않으면 곧 법체法體가 청정해지는데 이것이 곧 무상으로써 체를 삼는 것이니라.

善知識, 於諸境上 心不染曰無念 於自念上
선지식 어제경상 심불염왈무념 어자념상

常離諸境 不於境上 生心.
상리제경 불어경상 생심

선지식아, 모든 경계 지점에 마음이 물들지 않는 것을 무념이라 하는데 자기의 생각 이전에 항상 모든 경계에 머물지 않고 경계에 휘둘리지 않는 것이다.

若只百物 不思 念盡除却,
약지백물 불사 염진제각

一念 絕 卽死 別處受生 是爲大錯.
일념 절 즉사 별처수생 시위대착

그러나 모든 것을 생각하지 않는다 하여 모든 생각을 다 사라진다 한다면, 한 생각이 끊어질 때, 곧 죽는 것이어서 다른 곳에 몸을 받아 나리니, 이것은 크게 잘못된 것이다.

學道者 思之.
학도자 사지

若不識法意 自錯 猶可
약불식법의 자착 유가

更勸他人 自迷不見 又謗佛經.
갱권타인 자미불견 우방불경

所以 入無念爲宗.
소이 입무념위종

도를 배우는 자는 잘 생각하여라.

그리고 법의 뜻을 알지 못하면 자신을 그르치는 것은 당연하거니와 다시 다른 사람에게까지 권해서

스스로 어리석게 하여 보지 못하게 하며
또 부처님 말씀을 비방하게 된다.
그러므로 무념을 세워 종을 삼는 것이니라.

善知識, 云何立無念爲宗.
선지식 운하립무념위종

只緣口說見性 迷人 於境上 有念 念上 便起邪見
지연구설견성 미인 어경상 유념 염상 변기사견

一切塵勞妄想 從此而生.
일체진로망상 종차이생

선지식아, 무엇을 무념으로 세워서 종을 삼는다 하는가?
단지 말로만 성품을 보았다고 하는 것이므로
어리석은 사람은 경계 지점에 생각이 있고
생각사이에 문득 사견이 일어나니
일체의 번거로운 망상이 이로부터 생겨나느니라.

自性 本無一法可得.
자성 본무일법가득

若有所得 妄說禍福 卽是塵勞邪見.
약유소득 망설화복 즉시진로사견

故此法門 立無念爲宗.
고차법문 입무념위종

자성은 본래 한 법도 얻을 것이 없다.
그러나 얻을 것이 있다하여 망령되이 화와 복을 말한다면
이것이 곧 번뇌며 삿된 소견이다.
그러므로 이 법문은 무념을 내세워 종을 삼는 것이다.

善知識, 無者 無何事 念者 念何物.
선지식 무자 무하사 염자 염하물

선지식아, "무"라는 것은 무슨 일이 없다는 것이며
"념"이라는 것은 무슨 물건을 생각한다는 말이다.

無者 無二相 無諸塵勞之心, 念者 念眞如本性.
무자 무이상 무제진로지심 염자 염진여본성

"무"라는 것은 두 가지 상이 없는 것이니
모든 번거로운 망상이 없는 것이며,
"념"이라는 것은 평등의 본성을 생각하는 것이다.

眞如 卽是念之體, 念 卽是眞如之用.
진여 즉시념지체 염 즉시진여지용

본성은 곧 생각의 체體요, 생각은 곧 본성과 어우러진다.

眞如自性 起念 非眼耳鼻舌 能念.
진여자성 기념 비안이비설 능념

眞如 有性 小以 起念.
진여 유성 소이 기념

眞如若無 眼耳色聲當時卽壞.
진여약무 안이색성당시즉괴

평등한 자성이 생각을 내는 것이지,
눈, 귀, 코, 혀가 생각하는 것이 아니니라.
차별 없는 성품이 있으므로 생각이 일어난다.
그러나 평등한 자성이 없다면
눈, 귀, 빛깔, 소리는 즉 없는 것이니라.

善知識, 眞如自性 起念 六根
선지식 진여자성 기념 육근

雖有見聞覺知 不染萬境 而眞性
수유견문각지 불염만경 이진성

常自在. 故 云能善分別諸法相 於第一義 而不動.
상자재 고 운능선분별제법상 어제일의 이부동

선지식아, 차별 없는 자성이 생각을 하면
육근이 비록 보고 듣고 깨닫고 안다 하더라도
모든 경계에 물들지 않고
참된 성품이 항상 스스로 있는 것이다.
그러므로 이르기를 "능히 모든 만물의 형상을 잘 분별하되
가장 으뜸가는 뜻은 흔들림이 없다." 하셨느니라.

5. 坐禪品
좌 선 품

師示衆云 此門坐禪
사 시 중 운 차 문 좌 선

元不着心 亦不着淨 亦不是不動.
원 불 착 심 역 불 착 정 역 불 시 부 동

대중들에게 말씀하셨다.

“좌선이라는 것은 원래 마음에 얽매여도 안 되고

또 밝다는 것에 집착해서도 안 되며

움직이지 않는 것도 옳지 않느니라.

若言着心 心元是妄 知心如幻 故無所着也.
약 언 착 심 심 원 시 망 지 심 여 환 고 무 소 착 야

그리고 마음에 집착한다는 말은

마음은 원래 망령된 것이어서

그 마음이 허깨비와 같음을 알 것이므로

집착하는 바가 없을 것이니라.

若言着淨 人性 本淨 由妄念故 盖覆眞如.
약언착정 인성 본정 유망념고 개부진여

그러므로 깨끗한 것에 집착한다는 말은 사람의 성품이 본래 청정한 것인데 망상으로 인하여 평등의 본성을 뒤집는 것이 되느니라.

但無妄想 性自清淨,
단무망상 성자청정

起心着淨 却生淨妄 妄無處所, 着者是妄.
기심착정 각생정망 망무처소 착자시망

쓸데없는 생각이 없으면 성품은 스스로 청정하고,

쓸데없는 생각이 있으면 도리어 청정하다는 망상을 내는데,

망상은 있을 곳이 없다고 집착하는 것이 곧 망상이니라.

淨無形相 却立淨相 言是工夫
정무형상 각립정상 언시공부

作此見者 障自本性 却被淨縛.
작차견자 장자본성 각피정박

깨끗함도 형상이 없는데 도리어 깨끗하다는 생각을 세워서 이것을 공부라 말하지만 이런 견해를 짓는 자는 자기의 본성을 막아 도리어 깨끗하다는 생각의 결박을 당하리라.

善知識, 若修復動者 但見一切人時
선지식 약수부동자 단견일체인시

不見人之是非善惡過患,
불견인지시비선악과환

卽是自性不動.
즉시자성부동

선지식아, 움직이지 않는 것을 닦는 것이라고 하는 것은 모든 사람들을 볼 때에 옳고 그름과 좋고 나쁨과 허물과 근심을 보지 않는 것이며, 이것이 곧 흔들림 없는 자성이니라.

善知識, 迷人 身雖不動 開口
선지식 미인 신수부동 개구

便說他人 是非長短好惡 與道違背.
변설타인 시비장단호오 여도위배

若着心着淨 却障道也.
약착심착정 각장도야

선지식아, 어리석은 사람은 몸은 비록 움직이지 아니하나 말로서 타인의 옳고 그름과 잘하고 못함과 좋고 미워함을 말해서 도道와는 아무 관계없는 다른 먼 곳을 말하는 것이다. 그러므로 마음에 집착하고 청정함에 집착하면 도리어 도에 장애가 되느니라.

師 示衆云 善知識 何名坐禪,
사 시중운 선지식 하명좌선

此法門中 無障無礙 外於一切善惡境界
차법문중 무장무애 외어일체선악경계

心念不起 名爲坐 內見自性不動 名爲禪.
심념불기 명위좌 내견자성부동 명위선

대사가 대중들에게 말씀하시기를. 선지식아, 어떤 것을 좌선이라 하느냐, 이 법문 중에 막힘이 없고 걸림이 없어서 밖으로 일체 선악의 경계를 마음에서 생각이 머무는 것이 좌坐라 하고 그 가운데서 자성이 머물지 않고 이루는 것을 선禪이라 한다.

善知識, 何名禪定, 外離相 爲禪, 內不亂 爲定.
선지식 하명선정 외리상 위선 내불란 위정

外若着相 內心卽亂 外若離相 心卽不亂.
외약착상 내심즉란 외약리상 심즉불란

선지식아, 어떤 것을 선정이라 하느냐,

밖으로 상을 여의는 것이 선禪이고,

그 가운데서 혼란하지 않는 것이 정定이다.

그러나 밖으로 상에 빠지면 마음이 바로 어지럽고,

그러나 밖으로 상에 머뭄이 없으면 마음은 곧 혼란하지 않다.

本性 自淨自定 只爲見境思境 卽亂.
본성 자정자정 지위견경사경 즉란

若見諸境 心不亂者 是眞定也.
약견제경 심불란자 시진정야

본성은 스스로 깨끗하다 정定한 것인데

경계를 보고 경계를 생각하기 때문에 어지러워지는 것이다.

그러므로 모든 경계를 보더라도

마음이 혼란하지 않으면 이것이 참된 정定이다.

善知識, 外離相 卽禪.
선지식 외리상 즉선

內不亂 卽定, 外禪內定 是爲禪定.
내불란 즉정 외선내정 시위선정

淨名經 云 卽時豁然 還得本心.
정명경 운 즉시활연 환득본심

菩薩戒經 云 我本性 元自淸淨.
보살계경 운 아본성 원자청정

선지식아, 밖으로 상을 여의면 선禪이요,
안으로 어지럽지 않으면 정定이니,
밖의 선禪과 안의 정定이 곧 선정이니라.
정명경에서는, 분명하게 뚫리는 그 즉시
빠르게 본성을 깨닫는 것이다.
보살계경에서는,
"내 본성은 원래 스스로 청정하다." 하셨느니라.

善知識, 於念念中
선 지 식 어 념 념 중

自見本性清淨 自修自行 自成佛道.
자 견 본 성 청 정 자 수 자 행 자 성 불 도

선지식아,
한결같은 생각 도중에 자기의 본성이 청정함을 보고서
스스로 수행하면 스스로 불도를 이루리라.

6. 懺悔品
참 회 품

時 大師 見廣韶二郡 洎四方士庶 駢集山中
시 대 사 견광소이군 계사방사서 병집산중

聽法 於是 陞座告衆曰來 諸善知識,
청법 어시 승좌고중왈래 제선지식

그 시절에 대사는 광주와 소주 두 개 지역 등
사방의 선비와 백성들이 산에 있는 대사를 보고 모여 들어서
법을 들으려하는 것을 보시고 법좌에 오르시어
대중에게 말씀하셨다. "선지식들아,

此事 須從自性中起 於一切時 念念自淨其心
차사 수종자성중기 어일체시 염념자정기심

自修自行 見自己法身 見自心佛
자수자행 견자기법신 견자심불

自度自戒 始得 不假到此.
자도자계 시득 불가도차

이렇게 모인 일은 본래 자성으로 인한 것이니 언제나
스스로 마음을 깨끗이 하는 생각으로 스스로 닦는 수행을 하면
내 부처(자성)를 볼 것이며 자기 마음의 부처를 봄으로

스스로 제도하고 스스로 조심하면
비로소 얻게 되는 것이니 이곳까지 올 필요가 없느니라.

旣從遠來 一會于此 皆共有緣 今可各各胡跪.
기종원래 일회우차 개공유연 금가각각호궤

先爲傳自性五分法身香 次授無相懺悔.
선위전자성오분법신향 차수무상참회

먼 곳에서 와서 이렇게 모였으니
모두 다 인연이 있는가보다. 이제 모두들 편하게 앉아라.
먼저 자성의 오분법신향을 전하고
그 다음 무상 참회를 전하겠다."

衆 胡跪 師曰 一 戒香 卽自心中 無非無惡 無嫉妬
중 호궤 사왈 일 계향 즉자심중 무비무악 무질투

無貪瞋 無劫害 名戒香.
무탐진 무겁해 명계향

대중들이 편하게 앉자 대사가 말씀하셨다.
첫째 계향이다.
자기의 마음에 그릇됨이 없고 악함이 없으며 질투가
없고 탐냄과 성냄이 없으며
빼앗고 해치는 마음이 없는 것을 계향이라 하느니라.

二 定香. 卽覩諸善惡境相 自心不亂 名定香.
이 정향 즉도제선악경상 자심불난 명정향

둘째 정향이다. 즉 모든 선악의 경계와 모습을 보더라도 자기의 마음이 혼란스럽지 않는 것을 정향이라 하느니라.

三 慧香. 自心無碍 常以知慧 觀照自性 不造諸惡
삼 혜향 자심무애 상이지혜 관조자성 부조제악

雖修衆善 心不執著 敬上念下 矜恤孤貧 名慧香.
수수중선 심불집착 경상념하 긍휼고빈 명혜향

셋째 혜향이다. 스스로 마음에 걸림이 없어서
언제나 지혜로써 자성을 비추어 보므로
어떤 악도 짓지 아니하며,
착한 마음으로 많은 수행을 하지만 마음에 두지 않고
어른을 공경하고, 아래를 보살펴서 외롭고 가난한 이를
불쌍히 여기는 것을 혜향이라 하느니라.

四 解脫香. 卽自心 無所攀緣
사 해탈향 즉자심 무소반연

不思善不 思惡 自在無碍
불사선불 사악 자재무애

名解脫香.
명해탈향

넷째 해탈향이다. 자기 마음의 어떤 곳에도
의지할 이유가 없으니 선도 악도 생각하지 아니 하므로
걸림이 없는 자유를 해탈향이라 하느니라.

五 解脫知見香. 自心
오 해탈지견향 자심

旣無所攀緣善惡 不可沈空守寂
기무소반연선악 불가침공수적

卽須廣學多聞 識自本心
즉수광학다문 식자본심

達諸佛理 和光接物無我無人
달제불리 화광접물무아무인

直至菩提 眞性不易 名解脫知見香.
직지보리 진성불역 명해탈지견향

善知識, 此香 各自內薰 莫向外覓.
선지식 차향 각자내훈 막향외멱

다섯째 해탈지견향이다.

자기 마음이 어떤 선악에 의지할 이유가 없지만

공에 얽매여 고요함에 머무는 것이 아니라

모름지기 널리 많이 듣고 배워서 자기의 본심을 알아

모든 부처님의 이치를 통달하여 빛처럼 서로 만물에 응하니

나도 없고 남도 없어서 깨달은 참된 성품이

바뀌지 않는 것에 이르는 것을 해탈지견향이라 하느니라.

선지식아,

이 향은 각자 자기 성품의 향내를 찾을 것이지

밖을 향하여 찾지 말라.

今與汝等 授無相懺悔 滅三世罪 令得三業淸淨.
금여여등 수무상참회 멸삼세죄 영득삼업청정

善知識, 各隨語 一時道.
선지식 각수어 일시도

그러니 너희들한테 무상참회를 전수시켜서

삼세의 죄가 없어지고 삼업이 청정함을 얻게 될 것이다.

선지식아, 각자 내가 말한 것처럼 수행하면 즉시 진리에 이른다.

弟子等 從前念今念及後念 念念 不被愚迷染,
제 자 등 종 전 념 금 념 급 후 념 염 념 불 피 우 미 염

從前所有惡業愚迷等罪 悉皆懺悔,
종 전 소 유 악 업 우 미 등 죄 실 개 참 회

願一時消滅 永不復起.
원 일 시 소 멸 영 불 부 기

弟子等 從前念今念及後念 念念 不被憍誑染,
제 자 등 종 전 념 금 념 급 후 념 염 념 불 피 교 광 염

從前所有惡業憍誑等罪 悉皆懺悔,
종 전 소 유 악 업 교 광 등 죄 실 개 참 회

願一時消滅 永不復起.
원 일 시 소 멸 영 불 부 기

弟子等 從前念今念及後念 念念 不被嫉妬染,
제 자 등 종 전 념 금 념 급 후 념 염 념 불 피 질 투 염

從前所有惡業嫉妬等罪 悉皆懺悔,
종 전 소 유 악 업 질 투 등 죄 실 개 참 회

願一時消滅 永不復起.
원 일 시 소 멸 영 불 부 기

배우는 사람들이 앞뒤 생각 없이 지금도 한 순간에
어리석은 생각에 물들지 않고, 지금까지 어리석어 지은 악업
등 죄를 모두 다 참회하오니 원 하옵나니 즉시 소멸하여
다시는 영원히 일어나지 않게 하여 주십시오.

배우는 사람들이 앞뒤 생각 없이 지금도 한 순간에
어리석은 생각으로 유혹에 물들지 않고 지금까지 거짓되게
속인 죄를 모두 다 참회하오니 원 하옵나니 즉시 소멸하여
다시는 영원히 일어나지 않게 하여 주십시오.

배우는 사람들이 앞뒤 생각 없이 지금도 한 순간에
어리석은 생각으로 미워하고 시기함에 물들지 않고 지금까지

질투 등의 죄를 모두 다 참회하오니 원 하옵나니
즉시 소멸하여 다시는 영원히 일어나지 않게 하여 주십시오

善知識, 已上 是爲無相懺悔 云何名懺 云何名悔,
선 지 식, 이 상 시 위 무 상 참 회 운 하 명 참 운 하 명 회,

懺者 懺其前愆 從前所有惡業愚迷憍誑嫉妬等罪
참 자 참 기 전 건 종 전 소 유 악 업 우 미 교 광 질 투 등 죄

悉皆盡懺 永不復起 是名爲懺,
실 개 진 참 영 불 부 기 시 명 위 참

선지식아, 이것이 무상참회며 어떤 것을 참懺이라 하고
어떤 것을 회悔라 하느냐,
참懺이란 그 전의 허물을 뉘우치고 이전까지 지은 악업인
어리석음과 교만과 속임과 질투 등의 죄를 모두 다 뉘우쳐서
참회하는 것으로 다시는 영원히 일어나지 않게 하는 것을
참懺이라 하고,

悔者 悔其後過 從今已後所有惡業愚迷憍誑嫉妬等罪
회 자 회 기 후 과 종 금 이 후 소 유 악 업 우 미 교 광 질 투 등 죄

今已覺悟 悉皆永斷 更不復作 是名爲悔 故稱懺悔.
금 이 각 오 실 개 영 단 갱 불 부 작 시 명 위 회 고 칭 참 회

회悔라는 것은 이후의 허물을 뉘우치고
지금부터 이후에 지을 악업인 어리석음과
미혹함과 교만과 속임 질투 등의 죄를 지금 미리 깨닫고
모두 다 영원히 끊어서 다시는 되풀이하지 않는 것을
회悔라고 하므로 참회라 말하느니라.

凡夫 愚迷 只知懺其前愆
범부 우미 지지참기전건

不知悔其後過 以不悔故 前愆
부지회기후과 이불회고 전건

不滅 後過又生.
불멸 후과우생

前愆 旣不滅 後過 復又生 何名懺悔.
전건 기불멸 후과부우생 하명참회

범부는 어리석음에 미혹하다,

다만 그 전에 허물만 뉘우치고 앞으로의 허물은 알지 못하여

뉘우칠 줄 모르면 예전의 허물은 없어지지 않고

뒤에 허물이 또 생기느니라. 앞의 허물이 없어지지 않고

뒤의 허물이 다시 생기면 어찌 참회라 하겠느냐.

善知識, 旣懺悔己 與善知識
선지식 기참회기 여선지식

發四弘誓願. 各須用心正聽.
발사홍서원 각수용심정청

선지식아, 이미 참회를 하였으니 선지식과 더불어 사홍서원을 잊지 말라. 그리하여 각자 마음을 바로 하여 잘 들어라.

自心衆生無邊誓願度, 自心煩惱無邊誓願斷,
자심중생무변서원도 자심번뇌무변서원단

自性法門無盡誓願學, 自性無上佛道誓願成.
자성법문무진서원학 자성무상불도서원성

나는 중생을 가르쳐 기어이 깨달음에 이르게 하겠습니다.

나는 끝없는 번뇌를 기어이 다 놓아버리겠습니다.

나는 다함없는 법문을 기어이 다 배우겠습니다.
나는 위없는 불도를 기어이 이루겠습니다.

善知識,
선 지 식

大家 豈不道衆生無邊誓願度 恁麽道 且不是惠能 度.
대 가 기 불 도 중 생 무 변 서 원 도 임 마 도 차 불 시 혜 능 도

선지식아,
"많은 중생들을 가르쳐서 기어이 깨달음에 이르게 하겠습니다."
이 말은 이 혜능의 법이 아니니라.

善知識, 心中衆生 所謂邪迷心,
선 지 식 심 중 중 생 소 위 사 미 심

誑妄心, 不善心, 嫉妬心,
광 망 심 불 선 심 질 투 심

惡毒心如是等心 盡是衆生 各須自性自度 是名眞度.
악 독 심 여 시 등 심 진 시 중 생 각 수 자 성 자 도 시 명 진 도

선지식아, 중생심이란? 이른바, 삿되고 미혹한 마음,
속이고 망령된 마음, 착하지 못한 마음, 질투하는 마음,
악독한 마음 등 이와 같은 마음이 다 이 중생이니 각자의
자성으로 스스로 깨닫게 하는 것을 참된 깨달음이라 하느니라.

何名自性自度, 卽自心中
하 명 자 성 자 도 즉 자 심 중

邪見煩惱愚癡衆生 將正見度.
사 견 번 뇌 우 치 중 생 장 정 견 도.

어떤 것을 각자 자성으로 스스로 이루게 하는 것이라 하는가,
즉 자기 마음에 삿된 견해와 번뇌와 어리석은 중생심을
바른 깨달음으로 이루게 하는 것이다.

旣有正見 使般若智
기 유 정 견 사 반 야 지

打破愚癡迷妄衆生 各各自度,
타 파 우 치 미 망 중 생 각 각 자 도

邪來 正度 迷來 悟度 愚來
사 래 정 도 미 래 오 도 우 래

智度 惡來 善度 如是度者
지 도 악 래 선 도 여 시 도 자

名爲眞度.
명 위 진 도

즉 바른 견해가 있으니 반야의 지혜로
어리석고 미혹하여 망령된 중생심을 다스려
각각 스스로 깨닫게 하고, 삿된 생각이 나면
바른 것으로 제도하고 미혹한 생각이 들면
깨달음으로 제도하고 어리석은 생각이 나면
지혜로 제도하고 악한 생각이 들면 선으로 제도하니
이와 같이 이루는 것을 참된 깨달음이라 하느니라.

又煩惱無邊誓願斷 將自性般若智
우 번 뇌 무 변 서 원 단 장 자 성 반 야 지

除却虛妄思想心 是也,
제 각 허 망 사 상 심 시 야

又法門無盡誓願學 須自見性
우 법 문 무 진 서 원 학 수 자 견 성

常行正法 是名眞學.
상 행 정 법 시 명 진 학

又無上佛道誓願成 旣常能下心
우 무 상 불 도 서 원 성 기 상 능 하 심

行於眞正 離迷離覺
행 어 진 정 이 미 리 각

常生般若 除眞除妄 卽見佛性
상 생 반 야 제 진 제 망 즉 견 불 성

卽言下 佛道成.
즉 언 하 불 도 성

常念修行 是願力法.
상 념 수 행 시 원 력 법

또 끝없는 번뇌를 기어이 다 놓아버리겠습니다. 하는 것은
자성인 반야 지혜로 허망한 생각思想을 놓아버리는 것이며,
또 다함없는 법문을 기어이 다 배우겠습니다. 하는 것은
반드시 스스로 성품을 깨달아
언제나 정법을 행하는 것을 참된 배움이라 하느니라.
또 위없는 불도를 기어이 이루겠습니다. 하는 것은
언제나 겸손하여 참되고 바른 것을 행하고
미혹도 깨달음도 여의어서
언제나 반야로 참도 없고 거짓도 없는 불성을 보며
즉 말 한마디에 불도를 이루는 것이다.
언제나 짧은 시간이라도 수행하라.
여기에 원하는 법력의 힘이 있다.

善知識, 今發四弘願了 更與善知識 授無相三歸依戒.
선 지 식 금 발 사 홍 원 료 갱 여 선 지 식 수 무 상 삼 귀 의 계

선지식아, 이제 사홍서원을 알았으니 다시 선지식들에게
상이 없는 삼귀의의 계를 주겠노라.

善知識,
선 지 식

歸依覺兩足尊, 歸依正離欲尊, 歸依淨衆中尊.
귀 의 각 양 족 존 귀 의 정 이 욕 존 귀 의 정 중 중 존

선지식아,
복덕福德과 지혜智慧를 원만圓滿하게 갖춘 부처님께 귀의합니다.
탐욕貪慾과 애욕의 욕망이 없는 가르침에 귀의 합니다.
맑고 깨끗해서 사념邪念이 없는 무리들에 귀의합니다.

從今日去 稱覺爲師 更不歸依邪魔外道
종 금 일 거 칭 각 위 사 갱 불 귀 의 사 마 외 도

以自性三寶 常自證明 勸善知識 歸依自性三寶.
이 자 성 삼 보 상 자 증 명 권 선 지 식 귀 의 자 성 삼 보

지금부터는 올바른 것을 스승으로 삼고
다시는 삿된 악마와 외도에 귀의하지 말고
자성을 삼보로 하여 언제나 스스로 증명하고
선지식을 따라 자성삼보에 귀의 하라.

佛者 覺也, 法者 正也, 僧者 淨也,
불 자 각 야 법 자 정 야 승 자 정 야

불佛. 이라는 것은 깨달음이요,

법法. 이라는 것은 올바른 것이요,

승僧. 이라는 것은 맑고 깨끗함이다.

自心 歸依覺 邪迷不生
자심 귀의각 사미불생

少欲知足 能離財色 名兩足尊,
소욕지족 능이재색 명양족존

自心 歸依正 念念無邪見 以無邪見故
자심 귀의정 염념무사견 이무사견고

卽無人我貢高 貪愛執著 名離欲尊,
즉무인아공고 탐애집착 명이욕존

自心 歸依淨 一切震怒愛慾境界
자심 귀의정 일체진로애욕경계

自性 皆不染著 名衆中尊.
자성 개불염착 명중중존

자기 마음이 깨달음에 의지하여

삿됨과 미혹함이 생기지 않고

욕심이 적어 만족할 줄 알아서

재물과 여색에서 떠난 것을 양족존兩足尊이라 하고,

자기 마음이 올바름에 의지하여

한결같은 생각에 사견이 없고

사견이 없으므로 즉 나를 뽐냄이 없고

탐욕과 애욕에 집착이 없음을 이욕존離欲尊이라 하며,

자기 마음이 청정함에 의지하여

일체의 번뇌와 애욕의 경계에 자성이 물들거나

집착하지 않음을 중중존衆中尊이라 하느니라.

若修此行 是自歸依 凡夫
약수차행 시자귀의 범부

不會 從日至夜 受三歸戒
불회 종일지야 수삼귀계

若言歸依佛 佛在何處,
약언귀의불 불재하처

若不見佛 憑何所歸. 言却成妄.
약불견불 빙하소귀 언각성망

그러나 이런 행을 닦으면 이것이 스스로 의지하는 것인데
범부는 알지 못해서 밤낮으로 삼귀의 계를 받는다 하는데,
만약 부처님께 의지한다고 말하지만 부처님이 어느 곳에 계시며,
그리고 부처님을 보지 못했다면 무엇에 기대여 의탁한단 말인가.
이런 말은 망령된 것이고 틀린 것이다.

善知識, 各自觀察 莫錯用心.
선지식 각자관찰 막착용심

經文 分明言自歸依佛,
경문 분명언자귀의불

不言歸依他佛 自佛不歸 無所依處.
불언귀의타불 자불불귀 무소의처

선지식아, 서로가 스스로 관찰하여
마음을 잘못 쓰지 않도록 하여라.
경문(화엄경 정행품)에 분명히 말씀하시기를
"자기 부처에게 귀의하라." 했고
다른 부처에게 의지하라 말하지 않았으니
자기 부처에게 의지하지 않는다면 의지할 곳이 없으리라.

今旣自悟 各須歸依自心三寶 內調心性 外敬他人.
금기자오 각수귀의자심삼보 내조심성 외경타인.

是自歸依也. 善知識, 旣歸依自三寶竟 各各志心.
시자귀의야 선지식 기귀의자삼보경 각각지심

이제 스스로 깨달았으면 서로 자기 마음의 삼보에게 의지하여 안으로 심성을 고르게 하고 밖으로 다른 사람을 공경하여라. 이것이 스스로 의지하는 것이니라.
선지식아, 이미 자기의 삼보에게 의지하였으니 서로가 자기 마음에 의지하라.

吾與說一體三身自性佛 令汝等
오여설일체삼신자성불 영여등

見三身了然 自悟自性 總隨我道.
견삼신료연 자오자성 총수아도

내가 하나의 바탕이면서 세 가지 몸인 자성불自性佛을 설하여 너희들로 하여금 세 가지의 몸이 뚜렷함을 보게 하고 스스로 자성을 깨닫게 하리니 모두들 나의 가르침에 따르라.

於自色身 歸依淸淨法身佛,
어자색신 귀의청정법신불

於自色身 歸依圓滿報身佛,
어자색신 귀의원만보신불

於自色身 歸依千百億化身佛.
어자색신 귀의천백억화신불

자기 육신의 청정법신불에 의지하며,
자기 육신의 원만보신불에 의지하며,
자기 육신의 천백억화신불에 의지합니다.

善知識, 色身 是舍宅 不可言歸向者.
선지식 색신 시사택 불가언귀향자

三身佛 在自性中 世人 總有 爲自心迷 不見内性
삼신불 재자성중 세인 총유 위자심미 불견내성

外覓三身如來 不見自身中 有三身佛.
외멱삼신여래 불견자신중 유삼신불

선지식아,

육신은 집과 같아서 여기에 의지한다고 말할 수 없는 것이다.

삼신三身불은 자성에 있고 세상 사람들이 모두 갖고 있으면서도 자기의 마음이 미혹하여 안으로 성품을 보지 못하고 밖으로 삼신 여래를 찾느라고 자신 삼신불이 있는 것을 보지 못하는구나.

汝等 聽說. 令汝等 於自身中 見自性 有三身佛.
여등 청설 영여등 어자신중 견자성 유삼신불

此三身佛 從自性生 不從外得.
차삼신불 종자성생 불종외득

너희들은 잘 들어라. 너희들로 하여금

자기 몸에 자성인 삼신불이 있는 것을 보게 하겠노라.

이 삼신불은 자성에 있는 것이지 밖에서 얻는 것이 아니니라.

何名淸淨法身, 世人 性本淸淨 萬法 從自性生.
하명청정법신 세인 성본청정 만법 종자성생

思量一切惡事 卽生惡行 思量一切善事 卽生善行.
사량일체악사 즉생악행 사량일체선사 즉생선행

如是諸法 在自性中.
여시제법 재자성중

어떤 것을 청정법신이라 하느냐,

사람들의 성품은 본래 청정하여 만법이 자성을 따른다.
한량없이 악한 일을 생각하면 곧 악행을 저지르고,
온갖 선한 일을 생각하면 곧 선한 행을 하느니라.
이와 같이 만법은 자성에 있는 것이니라.

如天常清 日月 常明,
여천상청 일월 상명

爲浮雲 蓋覆 上明下暗 忽愚風吹雲散
위부운 개부 상명하암 홀우풍취운산

上下俱明 萬象 皆現.
상하구명 만상 개현

世人 性常浮游 如彼天雲.
세인 성상부유 여피천운

하늘이 맑을 때는 해와 달이 언제나 밝은 것인데,
구름이 덮이면 위는 밝지만 아래는 어둡다가 홀연히
바람이 불면 구름이 흩어지니 위아래가 다 밝아지고
모든 것이 다 나타나는 것과 같으니라.
사람들의 성품이 언제나 들뜬 것은 저 하늘의 구름과 같음이라.

善知識, 智如日 慧如月
선지식 지여일 혜여월

智慧常明 於外著境 被妄念浮雲
지혜상명 어외착경 피망념부운

蓋覆 自性 不得明朗,
개부 자성 부득명랑

若愚善知識 聞眞正法 自除迷妄
약우선지식 문진정법 자제미망

內外明徹 於自性中 萬法 皆現.
내외명철 어자성중 만법 개현

선지식아, 지智는 해와 같고 혜慧는 달과 같아서
지혜는 언제나 밝은데 바깥 경계에 집착해서
헛된 생각의 뜬구름에 덮이므로 자성이 밝지를 못하다가,
그러나 선지식을 만나서 참된 정법을 듣고
스스로 어리석음과 망령됨을 벗어나 안과 밖을 밝게 하면
자성에 만법이 모두 다 나타나느니라.

見性之人 亦復如是 此名淸淨法身佛.
견성지인 역부여시 차명청정법신불

깨달은 사람도 역시 이와 같은데
이것을 청정법신불이라 이름 하느니라.

善知識, 自心 歸依自性 是歸依眞佛.
선지식 자심 귀의자성 시귀의진불

自歸依者 除却自性中
자귀의자 제각자성중

不善心 嫉妬心 憍慢心 吾我心 誑妄心
불선심 질투심 교만심 오아심 광망심

輕人心 慢人心 邪見心 貢高心
경인심 만인심 사견심 공고심

及一切時中 不善之行,
급일체시중 불선지행

常自見己過 不說他人好惡 是自歸依.
상자견기과 불설타인호악 시자귀의

선지식아, 자기 마음이 자기의 성품에 의지하면

이것이 참 부처에 의지하는 것이다.

스스로 의지한다는 것이란 스스로 마음으로 착하지 못한 마음과 질투심과 교만과 나我라는 생각과 허황된 생각으로 업신여기는 마음과 거만한 마음과 삿된 마음과 잘난 체 하는 마음 등, 언제 어디서나 착하지 않은 행을 일체 하지 않고, 언제나 자기의 허물을 스스로 보되 다른 사람의 좋고 나쁨을 말하지 않는 이것이 스스로 의지하는 것이니라.

常須下心 普行恭敬 卽是見性通達
상수하심 보행공경 즉시견성통달

更無滯碍 是自歸依.
갱무체애 시자귀의

언제나 겸손한 마음으로 널리 공경을 행하면
바로 자기의 성품을 보고 통달하게 되어 걸리거나
막힘이 없게 되니 이것을 스스로 의지하는 것이라 하느니라.

何名千百億化身,
하명천백억화신

若不思萬法 性本如空 一念思量 名爲變化,
약불사만법 성본여공 일념사량 명위변화

思量惡事 化爲地獄, 思量善事 化爲天堂,
사량악사 화위지옥 사량선사 화위천당

毒害 化爲龍蛇, 慈悲 化爲菩薩,
독해 화위용사 자비 화위보살

智慧 化爲上界, 愚癡 化爲下方.
지혜 화위상계 우치 화위하방

어떤 것을 천 백억 화신이라 하는가,

혹시나 만법을 생각하지 아니하면 성품이 본래 비어서 한 생각을 헤아리면 이것을 변화라 하는데, 헤아릴 수 없는 악한 생각은 변해서 지옥이 되고, 선한 일을 생각하면 변해서 천당이 되며, 모진 해를 입으면 변해서 용이나 뱀이 되고 ,자비를 베풀면 변해서 보살이 되고, 지혜로우면 변해서 극락세계가 되고, 어리석으면 변해서 지옥이 되느니라.

自性 變化甚多 迷人 不能省覺 念念起惡
자성 변화심다 미인 불능성각 염념기악

常行惡道 回一念善 智慧卽生 此名自性化身佛.
상행악도 회일염선 지혜즉생 차명자성화신불

자성에 변화가 많은데 미혹한 사람은 살펴 깨닫지 못하고
언제나 생각에 악한 마음을 내어서 항상 악도에 떨어지는데
한 생각 돌이켜 착해지면 지혜가 곧 생기니,
이것을 이름 하여 자성의 화신불이라 하느니라.

何名圓滿報身 譬如,
하명원만보신 비여

一燈 能除千年暗 一智 能滅萬年愚
일등 능여천년암 일지 능멸만년우

莫思向前. 已過 不可得,
막사향전 이과 불가득

常思於後 念念圓明 自見本性 善惡 雖殊 本性 無二.
상사어후 염념원명 자견본성 선악 수수 본성 무이

어떤 것을 원만보신이라 하느냐
비유하건대, 하나의 촛불이 능히 천년의 어둠을 밝히는 것과

같아서 하나의 슬기로움이 능히 만년의 어리석음을 벗어나니 지나온 온 것을 생각하지 말라.

이미 지난 것은 얻지 못하니, 언제나 앞으로 올 것을 생각하여 끊임없이 생각을 뚜렷하게 밝혀 스스로 본성을 보는 것이니, 선악은 비록 다르지만 본래 성품은 둘이 아니니라.

無二之性 名爲實性 於實性中
무이지성 명위실성 어실성중

不染善惡 此名圓滿報身佛.
불염선악 차명원만보신불

둘이 아닌 성품을 참다운 성품이라 하는데, 참다운 성품이 선악에 물들지 않는 것을 원만보신불이라 하느니라.

自性 起一念惡 滅萬劫善因,
자성 기일념악 멸만겁선인

自性 起一念善 得恒沙惡盡,
자성 기일념선 득항사악진

直至無上菩提 念念自見 不失本念 名爲報身.
직지무상보리 염념자견 부실본념 명위보신

자성에 한 생각 악한 것을 일으키면
만겁동안 착한 씨앗이 없어지고,
자성에 한 생각 착한 것을 일으키면
항하의 모래 수 같은 악이 모두 다 없어지니,
즉시 위없는 보리에 이르러서 끊임없이 자성을 보고
근본 마음을 잃지 않는 것을 보신이라 하느니라.

善知識, 從法身思量 卽是化身佛, 念念自性自見
선지식 종법신사량 즉시화신불 염념자성자견

卽是報身佛. 自悟自修 自性功德 是眞歸依.
즉시보신불 자오자수 자성공덕 시진귀의

선지식아, 법신에 의해서 생각하면 이것이 곧 화신불이고,
끊임없는 생각에 자성을 스스로 보면 이것이 곧 보신불이다.
스스로 깨닫고 스스로 닦은 자성 공덕이라야
이것이 참으로 의지하는 것이니라.

皮肉 是色身 色身 是舍宅 不言歸依也.
피육 시색신 색신 시사택 불언귀의야

但悟自性三身 卽識自性佛.
단오자성삼신 즉식자성불

가죽과 살이란 육신이고
육신은 집相이라 의지한다고 말할 수 없어나.
다만 자성의 삼신을 깨달으면 곧 자성 불을 아는 것이니라.

자성의 삼신 : 淸淨法身佛, 圓滿報身佛, 千百億化身佛

吾有一無相頌 若能頌持 言下
오유일무상송 약능송지 언하

令汝 積劫迷罪 一時消滅. 頌曰
영여 적겁미죄 일시소멸 송왈

내게 하나의 무상송이 있으니 이것을 외우고 지니면
한마디 말에 너희로 하여금
오랜 겁 동안 쌓아온 미혹한 죄를 일시에 소멸케 하리라.
말씀하시기를

迷人 修福不修道 只言修福 便是道.
미인 수복불수도 지언수복 변시도

어리석은 이는 복만 닦고 도를 닦지 아니하며

그러면서 말하기를 복 닦음이 곧 도라 하고

布施供養福無邊 心中三惡元來造.
보시공양복무변 심중삼악원래조

보시와 공양은 복이 한량없지만

마음 속 삼악도는 어찌할 것인가.

擬將修福欲滅罪 後世 得福罪還在.
의장수복욕멸죄 후세 득복죄환재

혹은 복을 닦아 죄를 없애려고 하지만

후세에 복은 받아도 죄는 그대로 있네.

但向心中除罪緣 各自性中眞懺悔.
단향심중제죄연 각자성중진참회

다만 마음으로 죄의 인연을 없애면

모든 이들의 자기 성품이 참다운 참회니라.

忽悟大乘眞懺悔 除邪行正卽無罪.
홀오대승진참회 제사행정즉무죄

홀연히 대승의 참다운 참회를 깨달아서

삿됨을 없애고 바른 것을 행하면 곧 죄가 없으리.

學道 常於自性觀 卽與諸佛同一類.
학 도 상어자성관 즉여제불동일류

도를 배우며 언제나 자성을 관하면

곧 부처와 같이 더불어 하나가 되리라.

吾祖 惟傳此頓法 普願見性同一體.
오 조 유전차돈법 보원견성동일체

오조께서 오직 이 돈 일구하一句下법을 전하여

널리 깨달아 같이 더불어 하나가 되기를 원하시네.

若欲當來覓法身 離諸法相心中洗.
약욕당래멱법신 이제법상심중세

그러니 앞으로 법신을 알고자 하면

모든 법의 상을 여의고 마음을 깨끗이 하라.

努力自見莫悠悠. 後念 忽絶 一世休
노력자견막유유 후념 홀절 일세휴

노력해서 스스로를 보고 한가롭게 지내지 말며,

지난 생각이 돌연 없으면 한 세상 쉬는 것이니라.

若悟大乘得見性 虔恭合掌至心求.
약오대승득견성 건공합장지심구

그러므로 대승을 깨달아 성품을 보려면

정성을 다하여 합장하고 구하는 마음이면 이루리라.

師言. 善知識,
사언 선지식

總須誦取 依此修行 言下
총수송취 의차수행 언하

見性 雖去吾千里 如常在吾邊
견성 수거오천리 여상재오변

於此言下 不悟 卽對面千里,
어차언하 불오 즉대면천리

何勤遠來 珍重好去.
하근원래 진중호거

대사가 말씀하셨다. 선지식아,

모두들 반드시 외우고 이를 의지하여 수행하면

한 마디一句下말에 견성하고 비록 내게서 천리를 가있더라도

언제나 내 곁에 있는 것과 같고

한 마디一句下 말에 깨닫지 못하면 얼굴을 맞대고 있어도

천리로 떨어져 있는 것과 같으니,

어찌 멀리서 고생하며 오겠느냐? 아무쪼록 잘 가거라.

一衆 聞法 靡不開悟 歡喜奉行.
일중 문법 미불개오 환희봉행

한 무리 대중들이 법을 듣고 깨달아 환희하고 받들어 행하였다.

7. 機緣品
기 연 품

師 自黃梅得法 回至韶州曹侯村
사 자황매득법 회지소주조후촌

人無知者 有儒士劉志略 禮遇甚厚.
인무지자 유유사류지략 예우심후

志略 有姑爲尼 名 無盡藏.
지략 유고위니 명 무진장

대사가 황매로부터 법을 전수받고 조후 촌으로 돌아오니
아무도 모르는데 선비인 유지략이가 정성을 다하여
매우 극진히 대접을 하였다.
지략과 같이 있는 고모가 비구니였는데 법명이 무진장이었다.

常誦大涅槃經 師 暫聽 卽知妙義
상송대열반경 사 잠청 즉지묘의

遂爲解說 尼乃執卷問字
수위해설 니내집권문자

師曰 字卽不識 義卽請問.
사왈 자즉불식 의즉청문

尼曰 字尚不識 曷能會義. 師曰諸佛妙理 非關文字.
니왈 자상불식 갈능회의 사왈제불묘리 비관문자

언제나 대열반경을 외우는 걸 대사께서 잠깐 들으시고
즉시 그 심오한 뜻을 해설하여 주시니
비구니가 책에 있는 글자를
묻기에 대사가 말씀하시길
"글을 모르니 뜻을 물어라." 하시니.
비구니가 말하기를
"글을 모르는데 뜻을 어떻게 압니까?" 하므로
대사가 말씀하시길
"모든 부처님의 묘한 진리는 문자와 관계가 없느니라." 하셨다.

尼 驚異之 遍告里中耆德云 此是有道之士
니 경이지 변조이중기덕운 차시유도지사

宜請供養 有晉武侯玄孫曹叔良 及居民 競來瞻禮.
의청공양 유진무후현손조숙량 급거민 경래첨례

비구니는 놀라서 기이하게 여겨 두루 마을을 다니며
덕이 높은 어른들에게 "이는 틀림없이 도를 지닌 사람이니
마땅히 청하여 공양하십시오." 하고 말을 하니
진무후의 현손인 조숙량과 주민들이 서로 와서 절하고
예를 갖추었다.

時 寶林古寺 自隋末 兵火已廢
시 보림고사 자수말 병화이폐

遂於故基 重建梵宇 延師居之
수어고기 중건범우 연사거지

俄成寶坊.
아성보방

어느 때 보림사라는 옛 절이
수나라 말기의 병화로 폐허가 되어 있었는데
이곳에 다시 법당을 짓고 대사를 모시어 지내시게 하시니
얼마 안 되어 도량이 이루어졌다.

師住 九月餘日 又爲惡黨 尋逐
사주 구월여일 우위악당 심축

師乃遁于前山 被其縱火焚燒草木.
사내둔우전산 피기종화분소초목

師 隱身挨入石中 得免 石 於是
사 은신애입석중 득면 석 어시

有師趺坐膝痕 及衣布之紋
유사부좌슬흔 급의포지문

因名避難石.
인명피난석

대사가 머무신지 9개월 정도, 또 나쁜 무리들이 찾아오니
대사가 앞산으로 피하시자 그들이 불을 질러 초목을 다 태웠다.
대사는 바위틈에 숨어 화를 면하셨는데
그때 대사께서 가부좌 하셨던 돌에 무릎 흔적과
옷자락 무늬가 남아 있어 피난석이라고 이름 하였다.

師憶五祖 懷會止藏之囑 遂行 隱于二邑焉.
사억오조 회회지장지촉 수행 은우이읍언

대사는 오조께서 회懷를 만나면 머물고
회會를 만나면 숨으라고 당부하시던 것을 기억하시고
이 두 고을에 은신하여 있었다.

一僧法海 韶州曲江人也 初參祖師
일승법해 소주곡강인야 초참조사

問曰 卽心卽佛 願垂指諭.
문왈 즉심즉불 원수지유

법해 스님은 소주의 곡강 사람으로 대사를 찾아뵙고
예를 갖춰 묻기를 "원 하옵나니 마음이 곧 부처다 하는 것을
가르쳐 주십시오." 하니

師曰 前念不生 卽心, 後念不滅 卽佛,
사왈 전념불생 즉심 후념불멸 즉불

成一切相 卽心, 離一切相 卽佛,
성일체상 즉심 이일체상 즉불

吾若具說 窮劫不盡 聽吾偈. 曰
오약구설 궁겁부진 청오게 왈

대사가 말씀하시길
"이전 생각이 없는 것이 바로 마음이요,
뒤에 생각이 없는 것이 바로 부처이며
일체의 모습相을 이루는 것은 바로 마음이요,
일체의 모습相이 흩어지니 바로 부처인데,
이러한 말을 내가 하려고 하면 끝이 없어 다하지 못하니
나의 게송을 들어 보라."

卽心名慧, 卽佛乃定 定慧等持 意中淸淨.
즉심명혜 즉불내정 정혜등지 의중청정

悟此法門 由汝習性 用本無生 雙修是正.
오차법문 유여습성 용본무생 쌍수시정

혜慧 즉 마음이고, 정定이 곧 부처니

정과 혜가 같으면 청정한 생각이라.

나의 법문을 알아들음은 너 스스로 익혀 도리를 안 것이고

쓰임用은 본래 없으니 혜慧와 정定을 같이 닦음이 옳다.

法海 言下 大悟 以偈讚曰.
법해 언하 대오 이게찬왈

卽心元是佛 不悟而自屈
즉심원시불 불오이자굴

我知定慧因 雙修離諸物.
아지정혜인 쌍수이제물

법해가 대사의 말씀에 크게 깨달아 게송으로 찬탄하였다.

이 마음이 본래 부처인데 내가 깨닫지 못하였으나

나는 이제 정과 혜의 원인을 알았으니

혜慧와 정定을 같이 닦으면 만물萬物을 여의느니라.

僧 法達 洪州人.
승 법달 홍주인

七歲 出家 常誦法華經 來禮祖師 頭不至地 師 訶曰
칠세 출가 상송법화경 내례조사 두불지지 사 가왈

禮不投地 何如不禮 汝心中 必有一物 蘊習何事耶.
예불투지 하여불례 여심중 필유일물 온습하사야

曰念法華經 已及三千部.
왈념법화경 이급삼천부

승 법달은 홍주 사람이다.

일곱 살에 출가해서 읽는 것은 법화경이라

대사께서 예배드릴 때마다 머리가 땅에 닿지 않으니

대사가 깨우쳐주기를

“절을 할 때 머리가 땅에 닿지 않으니 절을 하지 말지니라.

너는 마음속에 뭔가 닦아 익힌 것이 있는데 무엇이냐?” 하시니

“법화경을 이미 삼천 번이나 읽었습니다.” 하기에

祖 曰汝若念至萬部 得其經意 不以爲勝
조 왈여약념지만부 득기경의 불이위승

卽與吾偕行 汝今負此事業 都不知過 聽吾偈. 曰
즉여오해행 여금부차사업 도불지과 청오게 왈

대사께서

“네가 그 경을 만 번을 읽어 뜻을 얻었다 하더라도

그 생각에 우쭐되지 않으면 나와 같이 바른 길을 갈 수 있는 데

그런 것을 알지 못하니 나의 게송을 들어보아라.”

禮本折萬幢 頭奚不至地. 有我 罪卽生 亡功 福無比.
예본절만당 두해부지지 유아 죄즉생 망공 복무비

존경의 예의는 스스로 나我 라는 생각을 버리는 것인데

어찌하여 머리가 땅에 닿지를 않는가?

나我다 하는 생각으로 허물도 생기고

베품功도 잊으면 끝없는 복이라.

師又曰 汝名 什麽 曰法達 師曰
사우왈 여명 십마 왈법달 사왈

汝名法達 何曾達法. 復說偈曰.
여명법달 하증달법 부설게왈

대사께서 “이름이 무엇인가.” 하시니

"법달" 이라 하므로

"그래 법달이라, 하지만 어찌 법을 통달했겠느냐." 하시며

다시 게송을 설하셨다.

汝今名法達 勤誦未休歇 空誦 但循聲 明心 號菩薩.
여금명법달 근송미휴헐 공송 단순성 명심 호보살

너의 이름이 법달이라

쉬지 않고 열심히 읽어도

오직 소리만 맴돌 뿐이니

마음을 깨끗이 하여 읽으면 보살이라 부르리.

汝今有緣故 吾今爲汝說. 但信佛無言 蓮華 從口發.
여금유연고 오금위여설 단신불무언 연화 종구발

너는 이제 인연이 있어니 내가 너를 위해 설하리라.

오직 부처님 말씀을 믿으면 연꽃이 입에서 피어나리라.

達 聞偈悔謝曰. 而今而後 當謙恭一切,
달 문게회사왈 이금이후 당겸공일체

弟子 誦法華經 未解經義
제자 송법화경 미해경의

心常有疑 和尚 智慧廣大 願略說經中義理.
심상유의 화상 지혜광대 원략설경중의리

법달이 게송을 듣고 뉘우치며 사죄하는 마음으로 말씀드렸다.

"지금부터 모든 일체에 대하여 겸손하고 존경하겠습니다.

제가 법화경을 읽었으나 경의 뜻을 알지 못하니

언제나 마음에 의심이 있었는데 대사님의 지혜가 넓고 크시니 원 하옵나니 알기 쉽게 경의 뜻을 말씀해주소서."

師曰 法達 法卽心達 汝心不達.
사왈 법달 법즉심달 여심불달

經本無疑 汝心自疑.
경본무의 여심자의

汝念此經 以何爲宗.
여념차경 이하위종

대사께서 말씀하시길

"법달아 법이 바로 마음인데 네 마음을 모르는구나.

부처님 말씀은 의심할 것이 없는데

너의 마음이 스스로 의심하는구나.

네가 법화경을 읽을 때 무엇을 근본으로 하느냐?"

達曰 學人 根性 暗鈍 從來 但依文誦念 豈知宗趣.
달왈 학인 근성 암둔 종래 단의문송념 기지종취

師曰 吾不識文字 汝試取經 誦之一扁.
사왈 오불식문자 여시취경 송지일편

吾當爲汝解說.
오당위여해설

"저는 근성이 어리석고 둔하여 지금까지 문자에만 의지하여 읽었을 뿐으로 어찌 근본취지를 알겠습니까?"

하며 법달이 말하므로

"내가 글을 모르니 네가 경을 한 번 읽어보아라.

내가 너를 위해 알기 쉽게 말해주리라." 말씀하시니

法達 卽高聲經 至譬喩品 師 曰
법달 즉고성경 지비유품 사 왈

법달이 바로 큰 소리로 경을 읽으니
"서품, 방편품, 비유품" 에 이르렀을 때 대사가 말씀하시길

止. 此經 元來以因緣出世 爲宗
지 차경 원래이인연출세 위종

縱說多種譬喩 亦無越於此.
종설다종비유 역무월어차

何者因緣 經 云諸佛世尊
하자인연 경 운제불세존

唯以一大事因緣故 出現於世
유이일대사인연고 출현어세

一大事者 佛之知見也.
일대사자 불지지견야

"됐다. 그만 읽어라." 법화경이란 인연 출세를 근본 삼아서
많은 여러 가지의 비유를 설하지만
인연의 범위를 벗어나지 않는다. 무엇을 인연이라 하는가?
법화경에 이르시기를 "일체 제불 세존은 오직 일 대사 인연으로
이 세상에 출현하신다." 하셨는데
일대사一大事란 곧 부처님의 지견이다.

世人 外迷著相 內迷著空,
세인 외미착상 내미착공

若能於相 離相 於空離空 卽是內外不迷.
약능어상 이상 어공이공 즉시내외불미

若悟此法 一念心開 是爲開佛知見.
약오차법 일념심개 시위개불지견

佛 猶覺也 分爲四門.
불 유각야 분위사문

모든 사람들은 어리석어 보이는 모습,

즉 상相에 집착하고 마음도 어리석어 없다는 공空에 집착하네,

그러나 상에 대하여 상을 떠나고 공에 대하여 공을 떠나면

바로 안과 밖이 밝을 것이다.

그러므로 법을 깨달아 한 순간에 마음이 열리면

이것이 바로 부처 지견이 열린 것이니라.

부처란 깨달음이라는 뜻으로 나누면 네 가지가 있느니라.

開覺知見 示覺知見 悟覺知見 入覺知見.
개각지견 시각지견 오각지견 입각지견

깨달음의 지견을 열고 깨달음의 지견을 보이며 깨달음의 지견을

깨닫게 하고 깨달음의 지견에 들게 하는 것이다.

若聞開示 便能悟入 卽覺知見本來眞性 而得出現.
약문개시 변능오입 즉각지견본래진성 이득출현

이에 열어 보이심을 듣고 문득 깨달아 들어가면

바로 본래의 참 성품인 깨달음의 지견이 나오는 것이다.

汝愼勿錯解經意 見他道開示悟入
여신물착해경의 견타도개시오입

自是佛之知見 我輩 無分.
자시불지지견 아배 무분

若作此解 乃是謗經毁佛也.
약작차해 내시방경훼불야

彼旣是佛 已具知見 何用更開.
피기시불 이구지견 하용갱개

네가 경의 뜻을 잘못 이해하여
"열어 보여서 깨달아 들어가게 한다."고 하신 것은
이는 부처 지견이니 나에게는 없다고 하지 말라.
그러므로 이와 같이 이해하면
이것은 경을 비방하는 것이며
부처님을 헐뜯는 것이다.
이미 부처의 지견을 갖추었는데 무엇을 다시 열겠느뇨.

汝今當信. 佛知見者 只汝自心 更無別佛.
여금당신 불지견자 지여자심 갱무별불

너는 당연히 믿고 바로 따르라.
부처 지견이라는 것은 너 자신의 마음으로
따로 다른 부처는 없는 것이다.

蓋爲一切衆生 自蔽光明
개위일체중생 자폐광명

貪愛塵境 外緣內擾 甘受驅馳
탐애진경 외연내요 감수구치

便勞他世尊 從三昧起 種種苦口 勸令寢息.
변노타세존 종삼매기 종종고구 권령침식

莫向外求 與佛無二.
막향외구 여불무이

모든 일체중생이 스스로 광명을 가리고 티끌경계를 탐내고
애착함으로써 안 밖으로 경계에 흔들려서 쫓기는 것이다

문득 세존께서 어여삐 여기시어 삼매에 드시어
여러 가지 말씀으로 가르치며 편히 쉬게 하셨느니라.
바깥에서 구하지 않으면 부처는 둘이 아님을 알게 된다.

故 云開佛知見.
고 운개불지견

吾亦勸一切人 於自心中 常開佛之知見.
오역권일체인 어자심중 상개불지지견

그러하므로 부처의 지견을 연다 하셨다.
나도 모든 사람들에게 권하는데
자기 마음에 부처의 지견을 언제나 열어라.

世人 心邪 愚迷造罪,
세인 심사 우미조죄

口善心惡 貪瞋嫉妬 諂佞我慢 侵人害物
구선심악 탐진질투 첨녕아만 침인해물

自開衆生知見.
자개중생지견

사람들은 마음이 삿되고 어리석어서 미혹하여 죄를 짓게 되고
입으로는 착하지만 마음은 악해서 탐내고 성내며
질투하는 마음과 아첨과 교만함으로 남을 해치고
사물을 해롭게 해서 스스로 중생 지견에 떨어지는 것이다.

若能正心 常生智慧 觀照自心
약능정심 상생지혜 관조자심

止惡行善 是自開佛之知見
지악행선 시자개불지지견

汝須念念 開佛知見 勿開衆生知見.
여수념념 개불지견 물개중생지견

그러나 바른 마음으로 언제나 지혜를 내어서 자기의 마음을 비추어 보고 악을 거두고 선을 행하면 바로 스스로 부처 지견을 여는 것이니 너는 언제나 변함없는 생각으로 부처 지견을 열고 중생 지견은 열지 말지니라.

開佛知見 卽是出世 開衆生知見 卽是世間,
개불지견 즉시출세 개중생지견 즉시세간

汝若但勞勞執念 以爲功課者 何異犛牛愛尾.
여약단로로집념 이위공과자 하이이우애미

부처 지견을 열면 이것이 바로 세간을 떠난 것이고 중생 지견을 열면 바로 세간이니, 그러나 네가 힘들여 경이나 읽고 하는 생각에 집착하는 것으로 공부를 한다면 이우(길고 칼 같은 꼬리를 스스로 핥다가 죽는다는 소)가 제 꼬리에 애착하는 것과 무엇이 다를꼬."

이우 : 호계바라밀 護戒波羅蜜에 나오는 소

제 생명을 돌아보지 않고 그 꼬리를 소중히 여기는 것처럼 너도 지금부터는 생명까지도 돌아보지 않고 다만 계율을 소중히 지니면 부처가 될 것이다.

達曰 若然者 但得解義 不勞誦經耶.
달왈 약연자 단득해의 불로송경야

師曰 經有何過 豈障汝念.
사왈 경유하과 기장여념

법달이 말하길

"그러면 뜻만 이해하고 경은 애써 읽을 필요가 없습니까?" 하니 대사께서 "경에 무슨 허물이 있어서 너보고 못 읽게 하겠느냐.

只爲迷悟 在人 損益 由己 口誦心行 卽是轉經
지 위 미 오　재 인　손 익　유 기　구 송 심 행　즉 시 전 경

口誦心不行 卽是被經轉. 聽吾偈, 曰
구 송 심 불 행　즉 시 피 경 전　청 오 게　왈

그러나 미혹함과 깨달음이 사람에게 있으므로 손해와 이익이 자기에게 달렸으니 입으로 읽고 마음으로 행하면 이것이 바로 경을 터득하는 것이고 입으로 외우지만 마음으로 행하지 아니하면 이것은 경을 알지 못함이 되는 것이니라."
나의 게송을 들어라.

心迷 法華 轉, 心悟 戰法華.
심 미　법 화　전　심 오　전 법 화

마음이 미혹하면 법화경을 터득할 수 없고,
마음을 깨달으면 법화경이 필요 없느니라.

誦經久不明 與義作讐家.
송 경 구 불 명　여 의 작 수 가

경을 아무리 읽어도 그 뜻을 알지 못하면
그 뜻이 오히려 해害가 되리라.

無念 念卽正, 有念 念成邪
무 념　념 즉 정　유 념　념 성 사

생각이 없으면 생각이 즉 바른 것이고,
생각이 있으면 생각이 삿되게 일어난다.

有無俱不計 長御白牛車.
유무구불계 장어백우거

있고 없고를 함께 따지지 않으면
오래도록 흰 소가 끄는 수레를 타고 다스릴 수 있느니라.

達 聞偈 不覺悲泣 言下 大悟 而告師 曰法達,
달 문게 불각비읍 언하 대오 이고사 왈법달

從昔已來 實未曾轉法華 乃被法華轉.
종석이래 실미증전법화 내피법화전

법달이 게송을 듣고 자기도 모르게 슬피 울다가
대사의 한마디 말에 크게 깨닫고 대사께 말씀드리기를,
"저는 이제까지 한 번도 법화경을 제대로 터득하지 못하고
법화경에 끌려 다녔습니다." 하며

再啓曰 經 云諸大聲聞 乃至菩薩
재계왈 경 운제대성문 내지보살

皆盡思共度量 不能測佛智 今令
개진사공탁량 불능측불지 금령

凡夫 但悟自心 便名佛之知見 自非上根 未免疑謗.
범부 단오자심 변명불지지견 자비상근 미면의방

다시 말씀드리기를
"경에는 대 성문들과 보살들이 같이 함께 생각을 다 하여
헤아리더라도 부처님의 지혜는 헤아릴 수가 없다 하였는데
지금 범부로 하여금 다만 자기의 마음을 깨달으면
곧 부처 지견이라 하시니 자신이 상근기가 아니면
의심이나 비방을 면하지 못하겠습니다.

又經 說三車 羊鹿牛車 與白牛之車
우경 설삼거 양록우거 여백우지거

如何區別, 願和尙 再垂開示.
여하구별 원화상 재수개시

또 경에 세 가지 수레를 설하였는데
양과 사슴이 끄는 수레가 흰 소가 끄는 수레와 어떻게 다른지,
원 하옵나니 화상께서 한 번 더 가르침을 베풀어 주시옵소서."

師 曰 經意分明 汝自迷背.
사 왈 경의분명 여자미배

諸三乘人 不能測佛智者 患在度量也.
제삼승인 불능측불지자 환재도량야

饒伊盡思共推 轉可縣遠.
요이진사공추 전가현원

대사가 "경의 뜻이 분명한데 네 스스로 미혹하여 등진 것이로다.
성문 연각 보살들이 능히 부처님의 지혜를 측량하지 못하는 것은
그 병病이 헤아리는 것에 있는 것이다.
아무리 생각하고 이치를 따져 한데 모아 헤아려 보아도
점점 더 멀어지고 마는 것이니라.

佛 本爲凡夫說 不爲佛說.
불 본위범부설 불위불설

此理 若不肯信者 從他退席
차리 약불긍신자 종타퇴석

殊不知坐却白牛車 更於門外 覓三車.
수부지좌각백우거 갱어문외 멱삼거

부처님은 본래 범부를 위하여 말씀하신 것이지

부처님을 위하여 말씀하신 것이 아니다.
이 이치를 부득이 믿지 못한다면 자리에서 물러가도 좋은데
흰 소가 끄는 수레에 앉아 있으면서
다시 문 밖에 있는 세 수레는 왜 찾는가.

況經文 明向汝道 唯一佛乘 無有餘乘 若二若三.
황경문 명향여도 유일불승 무유여승 약이약삼
乃至無數方便 種種因緣譬喩言詞 是法 皆爲一佛乘.
내지무수방편 종종인연비유언사 시법 개위일불승
故 汝何不省.
고 여하불성

그리고 경문에서 너희에게 분명히 이르기를
'오직 일불승이요, 다른 이승과 삼승은 없다.' 하였고
'수많은 방편과 여러 가지 인연과 비유한 말은 곧 법이며
모두 다 일불승을 위한 것이다.' 하셨는데
너는 어찌 살피지 못하는가.

三車 是假 爲昔時故 一乘 是實 爲今時故.
삼거 시가 위석시고 일승 시실 위금시고
只敎汝 去假歸實 歸實之後 實亦無名.
지교여 거가귀실 귀실지후 실역무명

세 가지 수레는 거짓이고 어제를 위한 것이며
일승은 진실하고 지금을 위한 것이다.
다만 너를 가르쳐 거짓을 버리고 참다운 것에 돌아가도록 함인데
참다움에 돌아가면 참다움이란 이름도 없느니라.

應知所有珍財 盡屬於汝 由汝受用
응지소유진재 진속어여 유여수용

更不作父想 亦不作子想 亦無用想.
갱부작부상 역부작자상 역무용상

是名持法華經.
시명지법화경

從劫至劫 手不釋卷 從晝至夜 無不念時也.
종겁지겁 수불석권 종주지야 무불념시야

그러므로 알아라. 온갖 보배와 재물도 다 네가 가지고 있고
네가 쓰기에 달려 있으니 다시는 아버지라는 생각도
아들이라는 생각도 하지 말며
또 쓴다는 생각도 없어야 하느니라.
이것을 법화경을 지닌다고 이름 하느니라.
아득한 과거와 먼 미래에 이르도록
늘 책을 가까이하여 주야晝夜로 생각이 없는 때가
없음이 되느니라."

達 蒙啓發 踊躍歡喜 以偈讚曰,
달 몽계발 용약환희 이게찬왈

법달이 가르침을 받고 뛸 듯이 기뻐서 게송으로 찬탄하기를

經誦三千部 曹溪一句亡.
경송삼천부 조계일구망

경을 삼천 번 읽은 것이
조계의 한 마디一句에 없어졌다.

未明出世旨 寧歇累生狂.
미명출세지 영헐누생광

이 세상에 온出世 뜻을 알지 못하면

어찌 어리석게 살아온 여러 생을 접고 편히 쉬겠느뇨.

羊鹿牛 勸設 初中後善揚.
양록우 권설 초중후선양

양과 사슴과 소를 방편으로 삼아

처음과 중간과 나중에도 잘 이끌어 주셨네.

誰知火宅內 元是法中王.
수지화택내 원시법중왕

누가 불난 집안이 원래 이 법왕의 처소인 줄 알았으랴.

師曰汝今後 方可名念經僧也.
사왈여금후 방가명념경승야

達 從此領玄旨 亦不輟誦經.
달 종차령현지 역불철송경

대사가

"네가 이제야 비로소 경을 읽는 스님이라 이름 할 수 있겠구나."

법달이 이때부터 깊은 뜻을 알았으니 경 읽기를 쉬지 않았다.

僧智通 壽州安豐人.
승지통 수주안풍인

지통 스님은 수주의 안풍安豊 사람이다.

初看楞伽經 約千餘遍
초 간 능 가 경　약 천 여 편

而不會三身四智 禮師 求解其義.
이 불 회 삼 신 사 지　예 사　구 해 기 의

처음에 능가경 약 천 번을 읽어 보았지만
세 가지의 몸과 네 가지의 지혜를 알지 못해서
대사께 예배하고 그 뜻의 해석을 구하였다.

師曰三身者 淸淨法身 汝之性也,
사 왈 삼 신 자　청 정 법 신　여 지 성 야

圓滿報身 汝之智也,
원 만 보 신　여 지 지 야

千百億化身 汝之行也.
천 백 억 화 신　여 지 행 야

대사가 "세 가지 몸이라는 것에서 청정법신은 너의 성품이고,
원만보신은 너의 지혜며, 천 백억 화신은 너의 행이다.

若離本性 別說三身 卽名有身無智,
약 리 본 성　별 설 삼 신　즉 명 유 신 무 지

若悟三身 無有自性 卽名四智菩提. 聽吾偈. 曰
약 오 삼 신　무 유 자 성　즉 명 사 지 보 리　청 오 게　왈

그러나 본성을 떠나서 다르게 세 가지 몸을 말한다면
즉 몸이란 이름만 있고 지혜가 없는 것이며,
그러므로 세 가지 몸에 자성이 있고 없음을 깨달으면
즉 네 가지 지혜의 보리라 한다."
나의 게송을 들어라.

自性 具三身 發明成四智
자성 구삼신 발명성사지

자성이 삼신三身을 갖추었으니

이를 밝히면 사지四智를 이루나니

不離見聞緣 超然登佛地.
불리견문연 초연등불지

보고 듣는 인연을 떠나지 않으니

뛰어넘어 불지佛地에 이르도다.

吾今爲汝說 諦信永無迷
오금위여설 체신영무미

내가 지금 너를 위해 말하노니

진실을 믿고 영원히 미혹하지 말며

莫學馳求者 終日說菩提.
막학치구자 종일설보리

제 멋대로 흉내 내어 배움을 구하는 자는

하루 종일 말로만 하는 보리니라.

通 再啓曰四智之義 可得聞乎.
통 재계왈사지지의 가득문호

지통이 다시 여쭙기를

"네 가지 지혜의 뜻도 들을 수 있겠습니까?" 하니

師 曰旣會三身 便明四智 何更問耶.
사 왈기회삼신 변명사지 하갱문야

若離三身 別談四智 此名有智無身也
약리삼신 별담사지 차명유지무신야

卽此有智 還成無智 復偈曰.
즉차유지 환성무지 부게왈

대사가 "이미 세 가지 몸을 알았다면 네 가지 지혜를 밝힌 것인데
어찌하여 다시 묻느냐?
그러나 삼신을 떠나서 따로 사지四智를 말한다면
이것은 지혜만 있고 몸이 없는 것이니 지혜가 도리어
무지無智를 이룬 것이니라." 다시 게송으로 말씀하셨다.

大圓鏡智 性清淨 平等性智 心無病
대원경지 성청정 평등성지 심무병

妙觀察智 見非功 成所作智 同圓鏡
묘관찰지 견비공 성소작지 동원경

대원경지는 성품이 청정한 것이고
평등성지는 마음에 병이 없는 것이며
묘관찰지는 공功을 보는 것이 아니고
깨달아 얻는 지혜는 하나의 빛과 같이 원만하다.

五八六七 果因轉 但用名言無實性
오팔육칠 과인전 단용명언무실성

오식 팔식은 결과果이고 육식과 칠식은 원인因을 아는 것이니
이름과 말만 있고 참 본성은 없네.

若於轉處 不留情 繁興永處那伽定
약어전처 불류정 번홍영처나가정

그러나 깨달은 곳에 마음을 두지 않으면

연이어 일어나더라도 언제나 삼매에 있는 것이니라.

通 頓悟性智 遂呈偈曰.
통 돈오성지 수정게왈

지통이 본성의 지혜를 즉시 깨닫고 게송을 바쳤다.

三身 元我體 四智 本心名.
삼신 원아체 사지 본심명

세 가지 몸이 원래 내 몸이고

네 가지 지혜는 본래 마음이란 이름이라.

身智 融無碍 應物任隨形.
신지 융무애 응물임수형

몸과 지혜가 융합하여 걸림이 없으니

만물에 응함이 형상 따라 가네.

起修 皆妄動 守住匪眞精
기수 개망동 수주비진정

수행하는 것이 모두 헛된 움직임이며

머물러 있으려는 것도 진리가 아니네.

妙旨 因師曉 終亡染汚名
묘지 인사효 종망염오명

미묘한 뜻을 대사로 인하여 깨달으니
결국에는 물들었다는 이름도 없네.

僧智常 信州貴谿人.
승지상 신주귀계인

스님 지상은 신주 귀계 사람이다.

髫年 出家 志求見性 一日 參禮.
초년 출가 지구견성 일일 참례

師 問曰汝從何來 欲求何事.
사 문왈여종하래 욕구하사

어린 아이 때 출가하여 깨달음을 구하다가
어느 날 찾아뵙고 예를 드리니 대사가 물으셨다.
"너는 어디에서 왔으며 무슨 일을 구하고자 하는가?"

曰學人 勤往洪州白峯山 禮大通和尚
왈학인 근주홍주백봉산 예대통화상

蒙示見性成佛之義 未決狐疑
몽시견성성불지의 미결호의

遠來投禮 伏望和尚 慈悲指示.
원래투예 복망화상 자비지시

지상스님이 "제가 근래에 홍주 백봉산에 가서
대통화상을 뵈었더니 견성성불의 뜻을 보여 주셨는데
의심을 풀지 못하여 멀리서 와서 예배드리니
엎드려 바라건대 화상께서 자비로 가르쳐 주십시오."

師 曰彼 有何言句 汝試擧看.
사 왈피 유하언구 여시거간

"그곳에서 무슨 말을 하더냐. 네가 한 번 보여 보아라."

曰智常 到彼 凡經三月 未蒙示誨.
왈지상 도피 범경삼월 미몽시회

爲法切故 一夕 獨入丈室
위법절고 일석 독입장실

請問如何是某甲 本心本性.
청문여하시모갑 본심본성

"제가 그곳에 이르러서 석 달이나 지났는데
가르침을 받지 못하였습니다.
법을 위하는 마음이 간절하였으므로
어느 날 저녁에 홀로 방장실에 들어가
어떤 것이 이 지상의 본래 마음이고
본래 성품입니까?" 라고 여쭈었더니

大通 乃曰汝見虛空否. 對曰見.
대통 내왈여견허공부 대왈견

彼 曰汝見虛空 有相貌否.
피 왈여견허공 유상모부

대통화상께서 말씀하시길
"네가 허공을 보았느냐?" 하시기에
"보았습니다." 하니
"네가 본 허공이 모양이 있더냐?" 하시기에

對曰虛空 無形 有何相貌. 彼 曰汝之本性 猶如虛空
대왈허공 무형 유하상모 피 왈여지본성 유여허공

了無一物可見 是名正見.
요무일물가견 시명정견

"허공은 형체가 없는데 무슨 모양이 있겠습니까!" 하였더니 말씀하시길 "너의 본래 성품도 허공과 같아서 마침내 한 물건도 볼 것이 없는데 이것을 정견이라 한다."

了無一物可知 是名眞知 無有靑黃長短
요무일물가지 시명진지 무유청황장단

但見本源淸淨 覺體圓明
단견본원청정 각체원명

卽名見性成佛 亦名如來知見.
즉명견성성불 역명여래지견

마침내 한 물건도 없음을 깨달아야 이것이 참되게 아는 것이며 푸르고 누런 것이나 길고 짧은 것이 없고 다만 근본 바탕이 청정하고 깨달음의 본체가 빛과 같음을 보는 것이 곧 견성성불이며 여래의 지견이라 하셨습니다."

學人 雖聞此說 猶未決了 乞和尙 開示.
학인 수문차설 유미결료 걸화상 개시

제가 비록 이 말씀을 들었으나 확실히 알지 못했사오니 바라오니 화상께서 가르쳐 주십시오."

師 曰彼師所說 猶存見知
사 왈피사소설 유존견지

故 令汝未了 吾今示汝一偈.
고 영여미료 오금시여일게

대사가 "그 스님의 말씀에는 아직도 보는 것과 아는 것이 남아 있으므로 너로 하여금 깨닫지 못하게 한 것이다. 내가 지금 너에게 한 게송을 일러주겠다."

不見一法存無見. 大似浮雲遮日面.
불견일법존무견 대사부운차일면

한 법도 보지 않고 없다는 생각이 있는가.
구름이 크게 떠서 해를 가리는 것과 같구나.

不知一法守空知, 還如太虛 生閃電.
부지일법수공지 환여태허 생섬전

한 법도 알지 못하면서 공한 지知에 머무르니,
도리어 허공에 번개가 번쩍 일어남과 같도다.

此之知見 瞥然與 錯認 何曾解方便.
차지지견 별연흥 착인 하증해방편

이런 지견이 잠시라도 일어나면
잘못 아는 것이니 어찌 방편이라 하리요.

汝當一念自知非 自己靈光 常顯現.
여당일념자지비 자기영광 상현현

네가 마땅히 한 생각에 그릇된 줄만 알면
자기의 신령스런 빛이 언제나 뚜렷이 나타나리라.

常 聞偈已 心意豁然 乃述偈曰.
상 문게이 심의활연 내술게왈

지상이 게송을 듣고 마음이 활짝 열려 게송을 지어 올렸다.

無端起知見 著相求菩提
무단기지견 저상구보리

괜히 지견을 일으켜서

모양에 빠져 보리를 구하고

情存一念悟 寧越昔時迷.
정존일념오 영월석시미

마음 작용에 한 생각 깨달음이 있으면

어찌 과거의 미혹함을 넘으리오.

自性覺源體 隨照枉遷流
자성각원체 수조왕천유

깨달음의 근본인 성품이 몸과 같이

환하게 비추는 것에 따라 흘러가니

不入祖師室 茫然趣兩頭.
불입조사실 망연취양두

조사의 방에 들지 못하고

아득하여 두 가지 뜻에 얽매이리라.

智常 一日 問師曰佛說三乘法
지상 일일 문사왈불설삼승법

又言最上乘 弟子未解 願爲教授.
우언최상승 제자미해 원위교수

지상이 어느 날 대사께 여쭈기를
"부처님이 삼승법을 설하시고 또 최상승을 말씀하시니
제자가 알지 못하겠습니다. 원하오니 가르쳐 주십시오."

師 曰汝觀自本心 莫著外法相.
사 왈여관자본심 막착외법상

法無四乘 人心 自有等差 見聞轉誦 是小乘,
법무사승 인심 자유등차 견문전송 시소승

悟法解義 是中乘, 依法修行 是大乘,
오법해의 시중승 의법수행 시대승

萬法盡通 萬法具備 一切不染
만법진통 만법구비 일체불염

離諸法相 一無所得 名最上乘.
이제법상 일무소득 명최상승.

대사가 "너는 자기 본심만 보고 밖의 법상에 집착하지 말라.
법에는 네 가지 승이 없는데 사람 마음에 차별이 있어서 듣고
읽기만 하는 것은 소승이고,
법을 깨달아 뜻을 알면 중승이며,
법을 의지하여 수행하면 대승이고,
만법을 통달하여 만법을 다 갖추되 일체에 물들지 않고
천지만물의 모양을 떠나서 하나도 얻은 것이 없는 것을
최상승이라 이름 하느니라.

乘是行義 不在口爭 汝須自修
승시행의 부재구쟁 여수자수

莫問吾也. 一切時中 自性自如.
막문오야 일체시중 자성자여

승이라는 것은 행한다는 뜻이며
입으로 하는 것에 있지 않으니
네가 스스로 닦고 나에게 묻지 말라.
언제 어느 때나 자성은 스스로 이른다."

常 禮謝執侍 終師之世.
상 예사집시 종사지세

지상이 예배드리고 대사가 세상을 떠나실 때까지 항상 모셨다.

一僧志道 廣州南海人也.
일승지도 광주남해인야.

지도란 스님은 광주의 남해 사람이다.

請益曰學人 自出家 覽涅槃經
청익왈학인 자출가 남열반경

十載有餘 未明大意 願和尚 垂誨.
십재유여 미명대의 원화상 수회

지도가 대사께 법문을 청하면서 말하기를
"제가 출가해서 열반경을 읽은 것이 10년이 넘었는데
대의를 알지 못하옵니다.
원하오니 화상께서 가르침을 베풀어 주옵소서."

師 曰汝何處 未明.
사 왈여하처 미명

曰諸行 無常 是生滅法 生滅
왈제행 무상 시생멸법 생멸

滅已 寂滅爲樂 於此 疑惑.
멸이 적멸위락 어차 의혹

대사가 "네가 어느 곳을 밝히지 못했는고?" 하시자

"제행무상諸行無常하여 나고 죽는 법이니 나고 죽음이 없어지면

적멸이 낙이 된다. 하는 것에 의심이 있습니다." 하므로

諸行無常(生滅) : 만물萬物은 지금도 변變하고 있고(生)
잠시暫時도 어떤 모양模樣에 머무르지 않는다(滅).

師 曰汝作麽生疑.
사 왈여작마생의

曰一切衆生 皆有二身 謂色身法身也.
왈일체중생 개유이신 위색신법신야

色身 無常 有生有滅 法身 有常 無知無覺
색신 무상 유생유멸 법신 유상 무지무각

經 云生滅 滅已 寂滅 爲樂者 不審.
경 운생멸 멸이 적멸 위락자 불심

대사께서 "네가 어떻게 의심하는가." 하시니

말하기를 "일체 중생이 모두 두 가지 몸이 있으니

이른바 색신과 법신입니다.

색신은 무상하여 생이 있고 멸이 있지마는

법신은 언제나 지식도 깨달음도 없는데 열반경에 이르기를

"나고 죽음이 멸하는 것에 이르면 적멸을 즐기는 자가 된다."

하는 것을 모르겠습니다.

何身 寂滅 何身 受樂.
하신 적멸 하신 수락

若色身者 色身 滅時 四大分散
약색신자 색신 멸시 사대분산

全然是苦 苦不可言樂. 若法身
전연시고 고불가언락 약법신

寂滅 卽同草木瓦石 誰當受樂.
적멸 즉동초목와석 수당수락

"어떤 신身이 적멸이며, 어떤 신身이 낙을 받는다는 말씀입니까? 만일 색신이라면 색신이 없어질 때에 사대가 흩어져서 괴로울 뿐인데 괴로움을 낙이라고 말하지는 못할 것입니다. 그러나 법신이라면 적멸하여 즉 초목이나 흙 돌과 같은데 무엇이 어떻게 낙을 누립니까?"

又法性 是生滅之體 五蘊
우법성 시생멸지체 오온

是生滅之用 一體五用 生滅 是常
시생멸지용 일체오용 생멸 시상

生卽從體起用 滅卽攝用歸體
생즉종체기용 멸즉섭용귀체

若聽更生 卽有情之類 不斷不滅.
약청갱생 즉유정지류 부단불멸

그리고 본성은 나고 죽는 것의 체體이며 오온五蘊은 생멸의 쓰임用이니 한 체에 다섯 작용으로 나고 멸하는 것은 언제나 같은 것으로 나는 것은 본성體에서 일으킨 쓰임이고 죽는 것은 쓰임用이 다하니 본체로 돌아가는 것입니다.

그러니 잘 다스리며 사는 것이라 즉 본성體이 거기에 있는 것이니 나뉘는 것도 없어지지도 않는 것입니다.

오온五蘊 색色 森羅萬象 즉 모든 물체를
수受 마음으로 응(느끼며)하면서
상想 마음으로 헤아려 보기도하고
행行 행동으로 관찰해 보면서
식識 스스로 깨닫는 것이다.

若不聽更生 卽永歸寂滅
약 불 청 갱 생 즉 영 귀 적 멸

同於無情之物 如是卽一切諸法
동 어 무 정 지 물 여 시 즉 일 체 제 법

被涅槃之所禁伏 常不得生 何樂之有.
피 열 반 지 소 금 복 상 부 득 생 하 락 지 유

그러므로 잘 다스리지 못하는 삶을 사는 것은
바로 끝없는 적멸에서 허우적대는 꼴로 즉 흙이나 바위와 같은
무정물이 되는 것이므로 이와 같은 만법에 머물러 있는 열반이란
언제나 죽은 삶이니 어찌 낙이 있다 합니까?"

師 曰汝是釋子 何習外道 斷常 邪見 而議最上乘法.
사 왈 여 시 석 자 하 습 외 도 단 상 사 견 이 의 최 상 승 법

據汝所說 卽色身外 別有法身 離生滅 求於寂滅.
거 여 소 설 즉 색 신 외 별 유 법 신 이 생 멸 구 어 적 멸

대사께서
"네가 부처님의 제자인데 어찌하여 외도의 단斷 상常의 삿된
소견을 배운 걸 가지고 최상승법을 의논하려 하느냐.
네 말대로 한다면 육신 외에 별도로 법신이 있으니
생멸을 떠나서 적멸을 구하는 것이다.

又推涅槃常樂 言有身受用
우 추 열 반 상 락 언 유 신 수 용

斯乃執恪生死 耽著世樂 汝今當知.
사 내 집 린 생 사 탐 착 세 락 여 금 당 지

또 열반도 즐거움도
언제나 몸이 있어야 즐길 수 있다고 생각하는 모양인데
이는 생사에 집착하고 탐하는 세상사의 즐거움에
빠져드는 것이다.
너는 이제 마땅히 알아라.

佛 爲一切迷人 認五蘊和合 爲自體相,
불 위 일 체 미 인 인 오 온 화 합 위 자 체 상

分別一切法 爲外塵相 好生惡死,
분 별 일 체 법 위 외 진 상 호 생 악 사

念念遷流 不知夢幻虛假 枉受輪廻,
념 념 천 유 부 지 몽 환 허 가 왕 수 윤 회

以常樂涅槃 翻爲苦相 終日馳求,
이 상 락 열 반 번 위 고 상 종 일 치 구

부처님께서는 누구든 미혹한 사람들이
오온五蘊이 화합된 것을 자기의 근본體 모습으로 삼고,
일체 법을 분별하여 겉모습에 속아 나는 것은 좋아하고
죽는 것을 싫어하며, 언제나 생각이 바뀌니
꿈이고 허깨비이며 거짓인줄 모르므로 윤회하고,
언제나 즐거운 열반을 도리어 괴로운 것으로 잘못 알고
종일토록 찾아 헤매니,

佛 愍此故 乃示涅槃眞樂
불 민차고 내시열반진락

刹那 無有滅相 刹那 無有滅相,
찰나 무유멸상 찰나 무유멸상

更無生滅可滅 是卽寂滅現前.
갱무생멸가멸 시즉적멸현전

부처님이 참으로 불쌍히 여기시어
열반의 참다운 즐거움은 찰나에도 모습이 없고
찰나에도 없어지는 모습이 없으니
또 생과 멸이 멸할 것도 없는 것이다
즉 적멸이 드러나는 것을 보이신 것이니라.

當現前時 亦無現前之量 乃謂常樂.
당현전시 역무현전지량 내위상락

바로 이때 앞에 드러났다는 생각을 가름하지 않는 것이
상락常樂이라 하느니라.

此樂 無有受者 亦無不受者, 豈有一體五用之名,
차락 무유수자 역무불수자 기유일체오용지명

何況更言涅槃 禁伏諸法 令永不生.
하황갱언열반 금복제법 영영불생

斯乃謗佛毁法. 聽吾偈 曰.
사내방불훼법 청오게 왈

이런 낙을 받는 자도 없고 또한 받지 않는 자도 없는 것이니,
어찌하여 하나의 체에 다섯 가지 용이라는 이름이 있겠으며,
어떤 것이 열반에 모든 법을 묶어서 영원히 나오지 못한다. 하는

이 말은 부처를 비방하며 부처님 법을 헐뜯는 것이다.”
나의 게송을 들어보아라.

無上大涅槃, 圓明常寂照
무 상 대 열 반　원 명 상 적 조

위없는 열반은, 언제나 밝게 유유히 비추니

凡愚 謂之死 外道 執爲斷
범 우　위 지 사　외 도　집 위 단

어리석은 이는 죽는다 생각하고 외도는 단斷에 집착하고

諸求二乘人 目以爲無作.
제 구 이 승 인　목 이 위 무 작

모두 이승二乘을 구하는 사람은 할 일이 없다하고

盡屬情所計 六十二見本.
진 속 정 소 계　육 십 이 견 본.

모두 마음으로 헤아리는 것, 육십이견의 근본이로다.

妄立虛假名 何爲眞實義.
망 립 허 가 명　하 위 진 실 의

허망하게 붙인 이름이라 무엇이 진실한 뜻이냐.

惟有過量人 通達無取捨
유 유 과 량 인　통 달 무 취 사

오직 가름하지 않는 이는 건질 것도 버릴 것이 없음을 통달하고

以知五蘊法 及以蘊中我
이 지 오 온 법 　급 이 온 중 아

오온법五蘊法을 알아서 오온 주에 나我와

外現衆色像 一一音聲相
외 현 중 색 상 　일 일 음 성 상

밖으로 드러나는 온갖 모양과 하나하나의 소리의 높낮이도

平等如夢幻 不起凡聖見
평 등 여 몽 환 　불 기 범 성 견

평등하여 꿈이고 환상인 줄 알면

범부다 성인이다 차별이 없고

不作涅槃解 二邊三際斷
부 작 열 반 해 　이 변 삼 제 단

열반이란 이렇다 하지 않으며,

이변二邊과 삼제三際에 머물지 않고

常應諸根用 而不起用想
상 응 제 근 용 　이 불 기 용 상

언제나 근기에 모두 맞게 쓰고 쓰임이란 생각이 없으며

分別一切法 不起分別想
분 별 일 체 법 　불 기 분 별 상

일체만법을 분별하지만 분별한다는 생각이 없으며

劫火燒海底 風鼓山相擊
겁 화 소 해 저　풍 고 산 상 격

성난 불火이 바다 밑을 태우고

바람이 불어 산이 서로 부딪칠지라도

眞常寂滅樂 涅槃相 如是.
진 상 적 멸 락　열 반 상　여 시

진리는 언제나 적멸의 즐거움이라. 열반의 모습 이와 같으니라.

吾今强言說 令汝捨邪見
오 금 강 언 설　영 여 사 사 견

내가 지금 애쓰며 말한 것은

너로 하여금 사견을 버리게 함이니

汝勿隨言解 許汝知少分.
여 물 수 언 해　허 여 지 소 분

네가 말뜻만 제대로 알면 네가 조금 알았다고 인정하겠다.

志道 聞偈 大悟 踊躍 作禮而退.
지 도　문 게　대 오　용 약　작 례 이 퇴

지도가 게송을 듣고 크게 깨달아서

뛸 듯이 기뻐하며 절을 하고 물러갔다.

行思禪師 姓 劉氏 吉州安城人也.
행 사 선 사　성　류 씨　길 주 안 성 인 야

행사선사의 성은 유劉 길주 안성 사람이다.

聞曹溪法席 盛化 徑來參禮 遂問曰.
문조계법석 성화 경래참례 수문왈

當何所務 卽不落階級.
당하소무 즉불락계급

조계의 법석이 성황을 이룬다는 말을 듣고 와서

예를 드리고 물었다.

"어떻게 노력하면 계급에 떨어지지 않습니까?"

師 曰汝 曾作什麽來. 曰聖諦 亦不爲.
사 왈여 증작십마래 왈성체 역불위

대사가 "네가 일찍이 무엇을 어떻게 해 왔느냐?" 하시니

"성인의 진리도 생각하지 않았습니다." 하므로

師 曰落何階級. 曰聖諦 尙不爲 何階級之有.
사 왈락하계급 왈성체 상불위 하계급지유

師 深器之 行思 首衆.
사 심기지 행사 수중

"어떠한 계급에 떨어졌느냐?" 하시니

"성인의 진리도 생각하지 않았는데 무슨 계급이 있겠습니까?"

하므로 대사가 큰 법기로 여기시고

행사를 대중의 우두머리로 삼으셨다.

一日 師 謂曰汝當分化一方 無令斷絶.
일일 사 위왈여당분화일방 무령단절

思旣得法 遂回吉州靑原山 弘法紹化.
사기득법 수회길주청원산 홍법소화

어느 날 대사가
"너는 마땅히 한 지방을 맡아 교화하여
법이 끊임없이 이어지도록 하여라." 하셨다.
행사가 이미 법을 얻었으므로
길주의 청원산으로 돌아가 법을 크게 펴고 교화하였다.

悔讓禪師 金州杜氏 子也.
회양선사 금주두씨 자야

회양선사는 금주 두씨의 아들이다.

初謁嵩山安國師 安 發之曹溪參扣 讓 至禮拜.
초알숭산안국사 안 발지조계참구 양 지례배

처음에 숭산의 안국사安國師를 뵈었는데 안국사가 조계에 가서
뵈옵고 물어보라 하므로 찾아와서 예배하였다.

師 曰甚處來. 曰嵩山.
사 왈심처래 왈숭산

師 曰什麽物 恁麽來.
사 왈십마물 임마래

曰說似一物 卽不中.
왈설사일물 즉부중

대사가 "어느 곳에서 왔는고?"
"숭산에서 왔습니다."
"무슨 물건이 이렇게 왔는고?"
"한 물건이라고 말하여도 맞지 않습니다."

師 曰還可修證否. 曰修證 卽不無 汚染 卽不得.
사 왈환가수증부 왈수증 즉불무 오염 즉부득

"그러면 닦아서 증득할 수 있는 것이냐?"

"닦아 증득함은 없지 않으나 물들어 더럽혀지지는 않습니다."

師 曰只此不汚染 諸佛之所護念 汝旣如是 吾亦如是.
사 왈지차불오염 제불지소호념 여기여시 오역여시

"다만 때 묻지도 물들지도 않는 이것을 모든 부처님의 호념護念이라 하는 것인데 네가 이미 이와 같고 나도 또한 이와 같으니라.

護念 : 부처지견

西天般若多羅 讖 汝足下 出一馬駒
서천반야다라 참 여족하 출일마구

踏殺天下人 應在汝心 不須速說.
답살천하인 응재여심 불수속설

서천의 반야다라가 알려주시기를
너의 밑에서 망아지가 한 마리 나와서 모든 사람을 밟아
죽이리라 하셨으니 네 마음에만 두고 반드시 말을 삼가 하여라."

讓 豁然契會 遂執侍左右 一十五載
양 활연계회 수집시좌우 일십오재

日臻玄奧 後往南嶽 大闡禪宗.
일진현오 후왕남악 대천선종

회양이 확실히 깨닫는 바가 있어서 옆에서 모시기를 15년
날로 더욱 깊고 오묘한 경지에 들어갔으며
뒤에 남악으로 가서 선종을 크게 드날렸다.

永嘉玄覺禪師 溫州戴氏子.
영가현각선사 온주대씨자

영가 현각선사는 온주대씨의 자손이다.

少習經論 精天台止觀法門 因看維摩經 發明心地.
소습경론 정천태지관법문 인간유마경 발명심지

어릴 때부터 경론을 열심 공부하여 즉 자연의 우주진리 법문에 정통하였는데 유마경을 보다가 마음자리를 알게 되었다.

偶師弟子玄策 相訪 與其劇談,
우사제자현책 상방 여기극담

出言 暗合諸祖 策 云仁者 得法師 誰.
출언 암합제조 책 운인자 득법사 수

마침 대사의 제자인 현책이 찾아오니
그와 같이 깊은 얘기를 나누었는데,
조사들의 뜻에 맞는 말을 하므로
현책이 "인자에게 법을 가르쳐주신 스승은 누구십니까?" 하니

曰我聽方等經論 各有師承
왈아청방등경론 각유사승

後於維摩經 悟佛心宗 未有證明者.
후어유마경 오불심종 미유증명자

현각이 말하길 "내가 방등경론을 들을 적엔
스승의 가르침을 받았는데 뒤에 유마경에서
부처의 근본인 불심종佛心宗을 깨달았는데
현재 증명해 주실 분이 없습니다." 하였다.

策 云威音王已前 卽得 威音王已後
책 운위음왕이전 즉득 위음왕이후

無師自悟 盡是天然外道.
무사자오 진시천연외도

현책이 "위음왕 이전에는 그럴 수 있었지만 위음왕 이후에는 스승 없이 스스로 깨닫는다는 것은 참으로 하늘에 의지하는 외도보다 어렵다." 하니

云 願仁者 爲我證據. 策 云我言 輕.
운 원인자 위아증거 책 운아언 경

曹溪 有六祖大師 四方 雲集
조계 유육조대사 사방 운집

幷是受法者 若去 卽與偕行.
병시수법자 약거 즉여해행

현각이 "그렇다면 나를 위하여 증거 하여 주십시오." 하므로 현책이 "나의 말은 도움이 되지 않습니다.
조계에 육조대사가 계시고 사방에서 모여들어 법을 배우고 있으니 거기를 가시겠다면 함께 가겠습니다." 하였다.

覺 遂同策來參 繞師三匝 振錫而立,
각 수동책래참 요사삼잡 진석이립

師 曰夫沙門者 具三千威儀 八萬細行
사 왈부사문자 구삼천위의 팔만세행

大德 自何方而來 生大我慢.
대덕 자하방이래 생대아만

현각과 현책이 같이 와서 찾아뵈었는데 대사의 주위를 세 번 돌고는 지팡이를 짚고 서 있으므로 대사께서

"무릇 사문은 하늘과 땅과 사람의 세계三界에는 예법에 맞는 몸가짐과 8만의 조심스런 행동을 하여야 하거늘 대덕은 어느 곳에서 왔기에 잘난 체 폼 잡고 뽐내고 있는가?"

覺 曰生死事大 無常 迅速.
각 왈생사사대 무상 신속

師 曰何不體取無生 了無速乎.
사 왈하불체취무생 요무속호

현각이 "죽고 사는 일이 큰데 벗어나려 해도 이룰 수가 없나이다." 하니 "무엇을 가지고 체험하려하면 아니 되니 몸가짐이나 언행을 조심하지 않으면 깨달을 수 없느니라." 하시자

曰體卽無生 了本無速. 師 曰如是如是.
왈체즉무생 요본무속 사 왈여시여시

玄覺 方具威儀 禮拜 須臾 告辭.
현각 방구위의 예배 수유 고사

"근본體에는 곧 생겨남이 없고
깨달음了에는 본래 이룸이 없습니다."
하기에 조사가 "옳다. 옳다." 하시니
현각이 위의를 갖추어 예배하고 하직인사를 드렸다.

師 曰返太速乎. 曰本自非動 豈有速也.
사 왈반태속호 왈본자비동 기유속야

대사가 "도리어 크게 이루려하느냐?" 하시니
"스스로 움직이는 것도 아닌데 어찌 이룸이 있다하겠습니까."
하였다.

師 曰誰知非動. 曰仁者 自生分別.
사 왈수지비동 왈인자 자생분별

師 曰汝甚得無生之意.
사 왈여심득무생지의

曰無生 豈有意耶.
왈무생 기유의야

대사께서 "무엇이 움직이지 않음을 아는가?" 하시니
"스스로 분별을 내십니다." 하였다.
대사께서 "네가 완전히 무생의 뜻을 알았도다." 하시니
"무생에 어떤 뜻이 있겠습니까?" 하므로

師 曰無意 誰當分別. 曰分別 亦非意.
사 왈무의 수당분별 왈분별 역비의

師 曰善哉 少留一宿.
사 왈선재 소류일숙

"뜻이 없는데 누가 마땅히 분별하느냐?" 하시니
"분별도 또한 뜻이 아닙니다." 하였다.
대사가 "좋구나 좋아. 하룻밤이라도 쉬어 가라." 하셨다.

時 謂一宿覺 後 著證道歌 盛行于世.
시 위일숙각 후 저증도가 성행우세

어느 때 잠을 자다가 깨닫고 한 마디 이르니
후에 증도가라 하여 세간에 성행하였다.

禪者智隍 初參五祖 自謂已得正受
선 자 지 황 초 참 오 조 자 위 이 득 정 수

庵居長坐 積二十年,
암 거 장 좌 적 이 십 년

선자 지황은 처음 오조를 참례하고 스스로 터득하기를 이미 바른 正것을 알았다 하며 암자에서 20년 동안이나 장좌불와를 하고 있었는데

師 弟子玄策 游方 至河朔 聞隍之名
사 제 자 현 책 유 방 지 하 삭 문 황 지 명

造庵問云 汝在此 作什麼.
조 암 문 운 여 재 차 작 십 마

隍 云入定.
황 운 입 정

대사의 제자인 현책이 여러 곳을 다니다가 하삭河朔에 가서 지황의 이름을 듣고 암자로 찾아가 "그대는 여기에서 무엇을 하십니까?" 하니 황이 "정에 듭니다." 하므로

策 云汝云入定 爲有心入耶. 無心入耶. 若無心入者
책 운 여 운 입 정 위 유 심 입 야 무 심 입 야 약 무 심 입 자

一切無情草木瓦石 應合得定.
일 체 무 정 초 목 와 석 응 합 득 정

"그대가 정에 든다 하니 마음이 있어 듭니까?
마음이 없어 듭니까?
아니면 마음이 없이 든다 하면
일체 무정인 초목이나 기왓장 돌도 마땅히 정에 들 것이오.

若有心入者 一切有情含識之流亦應得定.
약유심입자 일체유정함식지류역응득정

隍 曰我正入定時 不見有有無之心.
황 왈아정입정시 불견유유무지심

그러나 마음이 있어 든다 하면 안다고 하는 지식이 있는 온갖 중생들도 마땅히 정에 들 것이 아닙니까?" 하니

"내가 바르게 정에 들 때에는 있다 없다 하는 마음이 있음을 보지 못합니다." 하므로

策 云不見有有無之心 卽是常定 何有出入.
책 운불견유유무지심 즉시상정 하유출입

若有出入 卽非大定.
약유출입 즉비대정.

"있다 없다는 마음이 있음을 보지 못하면 이것이 바로 정인데 무엇이 들어가고 나오는 것이 있습니까?

그러니 들어가고 나오는 것이 있다면 바른 정이 아닙니다." 하자,

隍 無對 良久 問曰師嗣誰耶. 策 云我師 曹溪六祖.
황 무대 양구 문왈사사수야 책 운아사 조계육조

隍 云六祖 以何爲禪定.
황 운육조 이하위선정

황이 대답을 못하고 한참 있다가

"어느 스승에게서 배웠습니까?" 라고 물었다.

"나의 스승은 조계의 육조대사입니다."

"육조는 무엇으로 선정을 삼으십니까?"

策 云我師所說 妙湛圓寂 體用 如如.
책 운아사소설 묘담원적 체용 여여

五陰本空 六塵非有, 不出不入 不定不亂.
오음본공 육진비유 불출불입 부정불란

"우리 스승의 가르침은 묘하고 맑고 원만하고 한가로워서
그 본성[體]과 쓰임[用]이 변[如如]하지 않습니다.
오음五陰이 본래 공하고 육진이 있는 것이 아니라,
나아가는 것도 아니고 들어오는 것도 아니며
정定도 아니고 어지러운 것도 아닙니다.

五陰 : 생멸生滅 변화變化를 나눠 설명한 것. 色受想行識

禪性 無住 離住禪寂 禪性 無生 離生禪想.
선성 무주 이주선적 선성 무생 이생선상

心如虛空 亦無虛空之量.
심여허공 역무허공지량

참선의 성질은 머무름이 없는지라 고요한 머무름에서 벗어났고
선의 성품은 생겨나는 것이 아니라
선이라는 생각에서 벗어난 것이다.
마음이 허공과 같지만 허공과 같다는 헤아림이 없습니다."

隍 聞是說 徑來謁師 師 問云仁者何來.
황 문시설 경래알사 사 문운인자하래

황이 이 말을 듣고 바로 와서 대사를 찾아뵈니 대사가 물으셨다.
"인자는 왜 왔는가?"

隍 具述前緣 師 云誠如所言.
황 구술전연 사 운성여소언

汝但心如虛空 不著空見 應用無碍,
여단심여허공 불착공견 응용무애

動靜無心, 凡聖情忘 能所俱泯,
동정무심 범성정망 능소구민

性相如如 無不定時也.
성상여여 무부정시야

황이 지난번의 인연을 다 말씀드리니
대사가 "진실로 말한 것과 같이.
그대는 마음을 허공과 같이 하되 비었다는 소견에
집착하지 아니하면 마음 쓰임에 걸림이 없으며,
마음에 동요함이 없으면, 범부니 성인이니 하는 생각이 없는
그런 능력을 함께 다 갖추었으니, 성품과 형상이 같이하므로
정定이 아닌 때가 없느니라."

隍 於是 大悟 二十年所得心 都無影響.
황 어시 대오 이십년소득심 도무영향

황이 20년 만에 크게 깨닫고 보니 마음에는 아무것도 없었다.

其夜 何北士庶 聞空中 有聲云隍禪師 今日 得道.
기야 하북사서 문공중 유성운황선사 금일 득도

그날 밤 하북의 선비와 백성들이 공중에서 나는 소리를 들으니
"황 선사가 오늘에야 도를 깨달았다." 하였다.

隍 後 禮辭 復歸河北 開化四衆.
황 후 예사 복귀하북 개화사중

지황이 뒤에 예배하고 하직하여 다시 하북으로 돌아가
사부대중을 교화하였다.

一僧 問師云 黃梅意旨 甚麽人 得.
일승 문사운 황매의지 심마인 득

師 云會佛法人 得.
사 운회불법인 득

僧 云和尚 還得否. 師 云我不會佛法.
승 운화상 환득부 사 운아불회불법

한 스님이 대사에게
"황매 5조 홍인의 참 뜻을 어떤 사람이 얻었습니까?"
대사가 "불법을 아는 사람이 얻었느니라." 하시자
그 스님이 "화상께서는 얻었습니까?" 하기에
"나는 불법을 모른다." 하셨다.

師 一日 欲濯所授之衣 而無美泉 因至寺後五里許
사 일일 욕탁소수지의 이무미천 인지사후오리허

見山林 鬱茂 瑞氣 盤旋 師 振錫卓地,
견산림 울무 서기 반선 사 진석탁지

대사께서 어느 날 이어 받은 법의를 세탁하려고
좋은 샘이 없어 절 뒤로 5리쯤을 가니
울창한 숲 속에 상서로운 기운이 서려 있음을 보고
주장자를 땅에 두드려 세우시니,

泉 應手而出 積以爲池 乃跪膝 浣衣石上,
천 응수이출 적이위지 내궤슬 완의석상

忽有一僧 來 禮拜云方辯 是西蜀人.
홀유일승 내 예배운방변 시서촉인

샘물이 손으로 솟구쳐 올라와 연못이 되므로 무릎을 꿇고 돌 위에서 옷을 빨고 있었는데, 홀연히 한 스님이 앞에 와서 예배하며 말하기를 "저는 방변이라 하는 서촉 사람입니다.

昨於南天竺國 見達摩大師 囑方辯
작어남천축국 견달마대사 촉방변

速往唐土 吾傳大迦葉 正法眼藏
속왕당토 오전대가섭 정법안장

及僧伽梨 見傳六代 於韶州曹溪 汝去瞻禮.
급승가리 견전육대 어소주조계 여거첨례

어제 남 천축국에서 달마대사를 뵈었더니, 저에게 당부하시기를 "속히 당나라로 가거라. 내가 전한 대가섭의 정법안장과 승가리가 여섯 번을 전하여 소주의 조계에 있으니 네가 가서 참배하라." 하시기에

方辯遠來 願見我師 傳來衣鉢.
방변원래 원견아사 전래의발

師乃出示 次問上人 攻何事業.
사내출시 차문상인 공하사업

方辯 曰善塑. 師 正色曰汝試塑看.
방변 왈선소 사 정색왈여시소간

"멀리서 찾아왔사오니 원하옵건대 전해져 내려오는 의발을 보여 주십시오." 하므로 대사가 내여 보이신 다음에

"그대는 무슨 일을 익혔는가?"
방변이 말하기를 "흙으로 사람이나 동물의 상을 잘 만듭니다."
하므로, 조사가 "네가 나의 모습을 한번 만들어 보아라." 하시니

方辯 罔措 數日 塑就眞相 可高七寸 曲盡其妙
방변 망조 수일 소취진상 가고칠촌 곡진기묘

師 笑曰汝只解塑性 不解佛性.
사 소왈여지해소성 불해불성

방변이 근심하다가 수일 만에 대사의 실제 모습을 만드니
높이가 7촌이고 아주 절묘하고 세밀하였다.
대사에게 바쳐 드리니 대사가 웃으시며
"네가 다만 흙을 빚는 도리만 알고 불성은 모르는구나." 하시며

師 舒手 摩方辯頂曰 永爲人天福田.
사 서수 마방변정왈 영위인천복전

손으로 방변의 이마를 어루만지시며 말씀하시길
"영원히 인간과 천상의 복전이 되어라."

有僧 擧臥輪禪師偈云 臥輪 有伎倆 能斷百思想.
유승 거와륜선사게운 와륜 유기량 능단백사상

對境 心不起 菩提日日長.
대경 심불기 보리일일장

한 스님이 와륜 선사의 게송이라 하며 낭송하기를
"와륜은 기량이 있어 가히 백가지 사상思想을 떠난지라.
경계에 마음이 일어나지 않으니 보리菩提가 나날이 자라난다."
하므로

師 聞之曰此偈 未明心地 若依而行之
사 문지왈차게 미명심지 약의이행지

是加繫縛 因示一偈曰
시가계박 인시일게왈

대사가 듣고 말씀하시기를

"이 게는 마음자리를 알지 못한 것이니 만약 이대로 행하면

얽매이기만 더 하리라." 하시며

한 게송을 말씀하셨다.

惠能 沒伎倆 不斷百思想.
혜능 몰기량 부단백사상

혜능은 재능이 없어서

백가지 사상思想을 떠나지 않았네.

對境 心數起 菩提作麽長.
대경 심수기 보리작마장

경계를 대하면 마음이 경계에 머무니 보리가 자라지 못하네.

8. 頓漸品
돈 점 품

時 祖師 居曹溪寶林 神秀大師 在荊南玉泉寺.
시 조사 거조계보림 신수대사 재형남옥천사

于時 兩宗 盛化 人皆稱南能北秀.
우시 양종 성화 인개칭남능북수

어느 때 대사는 조계 보림에 계셨고

신수대사는 형남 옥천사에 계셨다.

그때에 두 종파가 널리 교화하니

사람들이 모두 남능과 북수라고 말하였다.

故 有南北二宗頓漸之分
고 유남북이종돈점지분

而學者 莫知宗趣 師 謂衆曰.
이학자 막지종취 사 위중왈

이런 사유로 남북의 두 종파가 돈頓과 점漸으로 나뉘었는데

배우는 학인들은 근본취지를 몰랐으므로

대사가 대중들께 말씀하셨다.

法本一宗 人有南北 法卽一種 見有遲疾.
법 본 일 종 인 유 남 북 법 즉 일 종 견 유 지 질

"법의 근본은 하나인데 사람이 남북에 있으니.
법도 하나로 보는 것이 늦거나 빠를 수 있다.

何名頓漸 法無頓漸 人有利鈍 故名頓漸.
하 명 돈 점 법 무 돈 점 인 유 이 둔 고 명 돈 점

무엇이 돈頓이고 무엇을 점漸이라 하느냐 법은 돈과 점이 없는데
사람들은 지혜로움과 무딤이 있으므로 돈頓이고 점漸이라 한다."

然 秀之徒衆 往往譏南宗祖師 不識一字 有何所長,
연 수 지 도 중 왕 왕 기 남 종 조 사 불 식 일 자 유 하 소 장

秀 曰他得無師之智 深悟上乘 吾不如也.
수 왈 타 득 무 사 지 지 심 오 상 승 오 불 여 야

그러나 신수를 따르는 무리들은 가끔 남종의 조사는
글자도 모르니 무엇이 그리 대단하겠느냐,
신수대사가 "그분은 스승 없이 위없는 법을
깊은 지혜로 깨달았으니 나는 그 분만 못하다.

且吾師五祖 親傳衣法 豈徒然哉.
차 오 사 오 조 친 전 의 법 기 도 연 재

吾恨不能遠去親近 虛受國恩
오 한 불 능 원 거 친 근 허 수 국 은

汝等諸人 毋滯於此 可往曹溪 參決.
여 등 제 인 무 체 어 차 가 왕 조 계 참 결

또 나의 스승인 오조께서 친히 가사와 법을 전하셨으니

어찌 공연한 일이겠느냐. 내가 멀리 있어 가보지 못하고
헛되이 나라의 은혜만 받고 있으니
너희들은 이곳에만 머물러 있지 말고
조계에 가서 배우도록 하여라." 하며

一日 命門人志誠曰 如聰明多智 可爲吾 到曹溪聽法,
일일 명문인지성왈 여총명다지 가위오 도조계청법

汝若聞法 盡心記取 還爲吾說.
여약문법 진심기취 환위오설

어느 날 문인인 지성에게 명하기를 "너는 총명하고 지혜가 많으니 나를 위하여 조계에 가서 법을 듣고, 들은 법은 마음을 다하여 기억해 두었다가 돌아와서 나를 위해 설하여 달라." 하였다.

志誠 稟命 至曹溪 隨衆參請 不言來處
지성 품명 지조계 수중참청 불언래처

時 祖師 告衆曰今有盜法之人.
시 조사 고중왈금유도법지인

지성이 명을 받고 조계에 가서 대중을 따라 참례하고
법문을 들었으나 온 곳을 말하지 않았는데
그때 대사가 대중에게 "법을 훔치려는 사람이
지금 여기 모임에 숨어 있다." 하시므로

潛在此會 志誠 卽出禮拜 具陳其事.
잠재차회 지성 즉출예배 구진기사

지성이 바로 나와서 예배하고 온 사유를 다 말씀드리니,
대사가 말씀하셨다.

師 曰汝從玉泉寺 應是細作. 對曰不是.
사 왈여종옥천사 응시세작. 대왈불시

師 曰何得不是. 對曰未說卽是 說了不是.
사 왈하득불시. 대왈미설즉시 설료불시

"네가 옥천에서 왔으니 필시 염탐꾼이겠구나."

"그렇지 않습니다."

"어찌하여 그렇지 않은가?"

"즉시 말씀을 드리지 않았을 뿐이지 그렇지 않습니다."

師 曰汝師 若爲示衆.
사 왈여사 약위시중

對曰常指誨大衆 住心觀淨 長坐不臥.
대왈상지회대중 주심관정 장좌불와

"너의 스승은 대중을 어떻게 가르치시는가?"

"언제나 대중들에게 가르치길 마음을 머물러 고요함을 살피어보고 장좌長坐하고 눕지 말라. 하셨습니다."

師 曰住心觀淨 是病 非禪 常坐拘身 於理 何益.
사 왈주심관정 시병 비선 상좌구신 어리 하익

聽吾偈 曰.
청오게 왈

"마음을 머물러서 고요함을 관하는 것은 병이지 선이 아니며,
마냥 앉아 있는 것은 몸을 구속하는 것이니
이치에 무슨 이익이 있겠느냐."

나의 게송을 들어보아라.

生來 坐不臥 死去 臥不坐.
생래 좌불와 사거 와부좌

살아서는 앉거나 눕지 못하고

죽어서는 눕거나 앉지 못하네.

一具臭骨頭 何爲立功課.
일구취골두 하위입공과

또 하나의 냄새나는 뼈다귀일 뿐

무슨 공과가 있으리까.

志誠 再拜曰弟子 在秀大師處 學道九年 不得契悟
지성 재배왈제자 재수대사처 학도구년 부득계오

今聞和尙 一說 便契本心.
금문화상 일설 편계본심

弟子 生死事大 和尙 大慈 更爲敎示.
제자 생사사대 화상 대자 갱위교시

지성이 다시 절하고 말하기를

"제자가 신수대사의 처소에 있으면서 도를 배운지 9년이 되었으나 깨닫지 못하였는데 지금 화상의 한 말씀을 듣고 문득 마음에 와 닿습니다. 제자에게 죽고 사는 일이 크니 화상께서 대 자비로 다시 한 번 가르쳐 주십시오."

師 曰吾聞汝師 敎示學人戒定慧法
사 왈오문여사 교시학인계정혜법

未審汝師 說戒定慧行相
미심여사 설계정혜행상

如何 與吾說看.
여하 여오설간

"내가 들으니 너의 스승은 학인들에게 계정혜戒定慧의 법을 가르친다 하시던데 알지 못하니 너의 스승이 계, 정, 혜를 어떻게 설하시는지 내게 말해 보아라."

誠 曰秀大師 說諸惡莫作 名爲戒, 諸善奉行 名爲慧,
성 왈수대사 설제악막작 명위계 제선봉행 명위혜

自淨其意 名爲定. 彼說如此 未審和尙 以何法誨人.
자정기의 명위정 피설여차 미심화상 이하법회인

"신수대사께서는 모든 악을 짓지 않는 것을 계,
모든 선을 받들어 행하는 것을 혜,
스스로 그 뜻을 깨끗이 하는 것을 정이라 이름 한다.
라고 설하시는데,
화상께서는 무슨 법으로 사람을 가르치시는지
잘 모르겠습니다."

師 曰吾若言有法與人
사 왈오약언유법여인

卽爲誑汝 但且隨方解縛 假名三昧.
즉위광여 단차수방해박 가명삼매

"내가 만일 사람에게 나눠 줄 법이 있다고 말한다면 곧 너를 속이는 것이 되느니라. 단지 경우를 따라 얽힘을 풀어줄 뿐인데 이름을 굳이 붙인다면 삼매라 하느니라.

如汝師所說戒定慧 實不可思議也
여여사소설계정혜 실불가사의야

吾所見戒定慧 又別.
오소견계정혜 우별

너의 스승이 말씀하시는 계, 정, 혜는 생각으로는 헤아릴 수 없는 것이니 내가 보는 계, 정, 혜와는 다르다."

志誠 曰戒定慧 只合一種 如何更別.
지성 왈계정혜 지합일종 여하갱별

"계, 정, 혜는 다만 하나인데 어찌하여 다를 수 있는지요?"

師 曰汝師戒定慧 接大乘人 吾戒定慧 接最上乘人.
사 왈여사계정혜 접대승인 오계정혜 접최상승인

悟解 不同 見有遲疾.
오해 부동 견유지질

"너의 스승의 계, 정, 혜는 대승의 사람에게 하는 것이지만
나의 계, 정, 혜는 최상승의 사람에게 하는 것이다.
깨달아 아는 것이 같지 않으니 지견이 늦고 빠름이 있느니라.

汝聽吾說 與彼同否. 吾所說法 不離自性 離體說法
여청오설 여피동부 오소설법 불이자성 이체설법

名爲相說 自性 常迷.
명위상설 자성 상미

너는 내 말이 그와 같은지 다른지 들어보아라.
내가 말하는 법은 자성을 떠나지 않으며
체體를 떠나서 법을 설하는 것은 상相으로 설하는 것이라 하여
자성을 언제나 미혹하게 하느니라.

須知一切萬法 皆從自性起用.
수 지 일 체 만 법 개 종 자 성 기 용

是眞戒定慧法 聽吾偈 曰.
시 진 계 정 혜 법 청 오 게 왈

마땅이 알아라. 일체 만법은 모두 다 자성을 따르느니라.

이것이 올바른 계, 정, 혜의 법이다.”

나의 게송을 들어보라.

心地無非 自性戒, 心地無癡 自性慧,
심 지 무 비 자 성 계 심 지 무 치 자 성 혜

心地無亂 自性定, 不增不減 自金剛,
심 지 무 난 자 성 정 부 증 불 감 자 금 강

身去身來 本三昧.
신 거 신 래 본 삼 매

본바탕이 없는 것이 자성의 계요,

본바탕에 어리석음이 없는 것이 자성의 혜요,

본바탕에 혼란이 없는 것이 자성의 정이며,

본바탕에 늘지도 줄지도 않는 것이 자기의 금강이요,

몸이 가고 옴이 본래 삼매이니라.

誠 聞偈悔謝 乃呈一偈 曰.
성 문 게 회 사 내 정 일 게 왈

지성이 게송을 듣고 뉘우쳐 감사하며 한 게송을 바치었다.

五蘊幻身 幻何究境, 迴趣眞如 法還不淨.
오 온 환 신 환 하 구 경 회 취 진 여 법 환 부 정

오온의 헛된 몸이여 환상이 어떤 환상을 보네,

올바른 뜻에 이르렀다하면 올바른 진리에 들지 못하였다.

五蘊 : 색色 수受 상想 행行 식識

師 然之 復語誠曰.
사 연 지 부 어 성 왈

汝師戒定慧 勸小根智人 吾戒定慧 勸大根智人.
여 사 계 정 혜 권 소 근 지 인 오 계 정 혜 권 대 근 지 인

대사가 "그러하니." 하시고 말씀하시길

"네 스승의 계, 정, 혜는 작은 근기의 지혜를 지닌 사람에게

권하는 것이고 나의 계, 정, 혜는

큰 근기의 지혜를 지닌 사람에게 권하는 것이다.

若悟自性 亦不立菩提涅槃 亦不立解脫知見
약 오 자 성 역 불 립 보 리 열 반 역 불 립 해 탈 지 견

無一法可得 方能建立萬法.
무 일 법 가 득 방 능 건 립 만 법

그러나 자기의 성품을 깨달으면 보리나 열반이나

해탈 지견이란 것이 필요 없으므로 하나의 바른 법도

얻을 것이 없으나 만법이 성품을 따르느니라.

若解此意 亦名佛身 亦名菩提涅槃 亦名解脫知見.
약 해 차 의 역 명 불 신 역 명 보 리 열 반 역 명 해 탈 지 견

그러하므로 이 뜻을 알면 부처라 하고 보리와 열반이라 하며

해탈지견이라 이름 하느니라.

見性之人 立亦得不立亦得 去來自由 無滯無碍
견성지인 입역득불입역득 거래자유 무체무애

應用隨作 應語隨答 普見化身 不離自性
응용수작 응어수답 보견화신 불리자성

卽得自在神通 遊戲三昧 是名見性.
즉득자재신통 유희삼매 시명견성

견성한 사람은 이어도 되고 이어가지 않아도 되니
가고 옴이 자유로워 막히고 걸림이 없으므로
쓰임에 따라서 응하고 물음에 따라 답하며
두루 보이는 형상은 자성을 따르지 않지만
즉시 스스로 가지고 있는 신령스런 삼매를 얻는다.
이것을 깨달은 성품이라 이름 하노라."

志誠 再啓師曰. 如何是不立義.
지성 재계사왈 여하시불립의

지성이 다시 대사께 여쭈어 보기를
"어떤 것이 이어가지 않는다는 뜻입니까?"

師 曰 自性 無非無癡無亂 念念般若觀照
사 왈 자성 무비무치무난 염념반야관조

常離法相 自由自在 縱橫無得 有何可立.
상리법상 자유자재 종횡무득 유하가립

대사가 "자성은 어긋남도 없고 어리석고
어지러움도 없어서 언제나 생각이 반야를 비추어 보아

항상 법이라는 생각을 떠나서 자유자재하여
가로 세로가 없는데 무엇을 이어가는가.

自性自悟 頓悟頓修 亦無漸次 所以 不立一切法.
자성자오 돈오돈수 역무점차 소이 불립일체법

諸法 寂滅 有何次第.
제법 적멸 유하차제

스스로 성품을 깨닫는데 한 순간 깨달음과 늦게 깨닫는
그러한 법이 있을 수 없는 까닭은
모든 법이 적멸한데 무슨 순서가 있나?"

志誠 禮拜 願爲執侍 朝夕不懈.
지성 예배 원위집시 조석불해

지성이 예배드리고 모시기를 원하여
아침저녁으로 열심히 하였다.

一僧志徹 江西人 本姓 張 名 行昌 少 任俠.
일승지철 강서인 본성 장 명 행창 소 임협

지철스님은 강서 사람으로 본성은 장씨 이름은 행창인데
어려서부터 호방하고 의협심이 있었다.

自南北分化 二宗主 雖亡彼我 而徒侶 競起愛憎.
자남북분화 이종주 수망피아 이도려 경기애증

남북이 나뉘어 교화하였지만 두 종주는 네 편, 내 편이 없었는데
그 무리들은 서로 다투며 미워하였다.

時 北宗門人 自立秀師 爲第六祖 而忌祖師傳衣
시 북종문인 자립수사 위제육조 이기조사전의

爲天下所聞 乃囑行昌 來刺於師 師 心通
위천하소문 내촉행창 내자어사 사 심통

預知其事 卽置金十兩於座間.
예지기사 즉치금십양어좌간

어느 때 북쪽의 신수대사 문하생들이 자기들 마음대로 신수대사를 육조로 삼았으며 조사에게 가사가 전해진 것이 천하에 알려지는 것을 꺼려서 행창을 시켜 조사를 해치려 보냈는데 조사께서는 마음으로 그 뜻을 알아서 미리 아시고 금 열 냥을 자리 사이에 준비하여 두고 계셨다.

時夜暮 行昌 入祖室 將欲加害 師 舒頸就之,
시야모 행창 입조실 장욕가해 사 서경취지

行昌 揮刃者 三 悉無所損.
행창 휘인자 삼 실무소손

밤이 깊어지니 행창이 조사의 방에 들어와 해치려 하는데
조사가 목을 앞으로 내미시므로, 행창이 칼을 세 번이나
휘둘렀으나 조금도 다치지 않으셨는데

師 曰 正劍 不邪 邪劍 不正 只負汝金 不負汝命.
사 왈 정검 불사 사검 부정 지부여금 불부여명

行昌 驚仆 久而方蘇 求哀悔過 卽願出家
행창 경부 구이방소 구애회과 즉원출가

대사께서 "바른 칼은 틀림이 없는 칼이고 삿된 칼은 바르지 못하니라. 너에게 전생에 돈은 빚졌지만 목숨은 빚지지 않았느니라."

하시니 행창이 놀라 넘어졌다가 한참 만에 깨어나 슬피 울며 잘못을 뉘우치며 출가를 원하였으나

師遂與金言,
사 수 여 금 언

汝且去 恐徒衆 翻害於汝 汝可他日
여 차 거 공 도 중 번 해 어 여 여 가 타 일

易刑而來 吾當攝受.
역 형 이 래 오 당 섭 수

조사가 금을 주시며
"너는 먼저 가라. 무리들이 너를 해칠까 걱정되므로
네가 다음에 모습을 바꾸어 오면 내가 당연히 받아 주겠노라."
하셨다.

行昌 稟旨宵遁 後 投僧出家,
행 창 품 지 소 둔 후 투 승 출 가

具戒精進 一日 憶師之言 遠來禮覲.
구 계 정 진 일 일 억 사 지 언 원 래 예 근

행창이 뜻에 따라 숨어 지내다가 다른 스님에 의지하여 출가한 뒤, 계를 갖추어 정진하다가 어느 날 대사의 말씀이 생각나 멀리서 찾아와 절하고 뵈었다.

師 曰 吾久念汝 汝來何晚.
사 왈 오 구 념 여 여 래 하 만

曰昨蒙和尚 捨罪 今雖出家苦行,
왈 작 몽 화 상 사 죄 금 수 출 가 고 행

終難報德. 其惟傳法度生乎.
종난보덕 기유전법도생호

대사께서 "내가 너를 오랫동안 생각하고 있었는데
왜 이리 늦었는가." 하시니
"예전에 화상께서 죄를 용서하여
주신 덕분에 지금은 비록 출가하여 고행을 하지만,
그 은덕을 갚기가 어렵습니다. 은덕에 보답하는 길은
오직 법을 전하고, 중생을 제도하는 것이리라 생각합니다.

弟子 常覽涅槃經 未曉常無常義
제자 상람열반경 미효상무상의

乞和尙 慈悲 略爲解說.
걸화상 자비 약위해설

제자가 언제나 열반경을 보았으나
상常과 무상無常의 뜻을 알지 못하오니
비옵나니 화상께서 자비로 알기 쉽게 가르쳐 주십시오." 하였다.

師 曰無常者 卽佛性也,
사 왈무상자 즉불성야

有常者 卽一切善惡諸法 分別心也.
유상자 즉일체선악제법 분별심야

대사가 "무상이라는 것은 곧 불성이고,
유상이라는 것은 일체 선과 악의 모든 법을 분별하는 마음이다."
하시니

曰和尚所說 大違經文.
왈화상소설 대위경문

師 曰吾傳佛心印 安敢違於佛經.
사 왈오전불심인 안감위어불경

"화상께서 말씀하시는 것은 경문에 크게 어긋납니다." 하므로

대사가 "내가 부처님의 마음心印을 전하는데

어찌 감히 불경을 어기겠느냐?" 그러자

曰經 說佛性 是常 和尚
왈경 설불성 시상 화상

却言無常 善惡之法 乃至菩提心
각언무상 선악지법 내지보리심

皆是無常 和尚 却言是常.
개시무상 화상 각언시상

此卽相違 令學人 轉加疑惑.
차즉상위 영학인 전가의혹

"경에는 불성이 바로 상이라 하였는데

화상께서는 도리어 무상이라 말하시며

선악의 법과 보리심이 다 무상인데

화상께서는 도리어 상이라 말씀하십니다.

이렇게 서로 틀리니 배우는 저는 점점 더 의심스럽습니다."

하므로

師 曰涅槃經 吾昔 聽尼無盡藏
사 왈열반경 오석 청니무진장

讀誦一遍 便爲講說 無一字一義
독송일편 변위강설 무일자일의

不合經文 乃至爲汝 終無二說.
불합경문 내지위여 종무이설

대사가 “열반경은 내가 옛적에 무진장이라는 비구니가
독송하는 것을 한 번 듣고 곧 그에게 설명해 주었는데
한 글자 한 뜻도 경에 맞지 않는 것이 없었는데
너에게도 두 말할 수 있겠느냐.”

曰學人 識量 淺昧 願和尙 委曲開示.
왈학인 식량 천매 원화상 위곡개시

“제가 아는 것이 얕고 어두워서 원하오니
화상께서 자세히 가르쳐 주십시오.”

師 曰汝知否 佛性 若常 更說什麽善惡諸法.
사 왈여지부 불성 약상 갱설십마선악제법

乃至窮劫 無有一人 發菩提心者.
내지궁겁 무유일인 발보리심자

“네가 아느냐? 불성이 만일 상常이라면
다시 어떻게 선과 악의 모든 법을 설하겠느냐?
무궁한 끝없는 세월을 다하더라도
보리심을 일으킬 사람이 한 사람도 없을 것이다.

故 吾說無常. 正是佛說眞常之道也.
고 오설무상 정시불설진상지도야

그러므로 내가 무상이라고 말하는 것이다.
이것이 바로 부처님이 설하신 참된 상常의 도리이니라.

又 一切諸法 若無常者 卽物物 皆有自性 容受生死
우 일체제법 약무상자 즉물물 개유자성 용수생사

而眞常性 有不徧之處.
이진상성 유불변지처

또 일체의 모든 법이 만일 무상無常이라면 바로 물건마다
모두 자기의 성품이 있어서 삶과 죽음을 받아들이므로
참된 상常의 성품이 두루 하지 못하는 곳이 있으리라.

故 吾說常者 正是佛說眞無常義.
고 오설상자 정시불설진무상의

그러므로 내가 말하는 상常이라는 것은
바로 부처를 말하는 진리의 뜻을 무상無常이라 하느니라.

佛 比爲凡夫外道 執於邪常
불 비위범부외도 집어사상

諸二乘人 於常 計無常 共成八倒
제이승인 어상 계무상 공성팔도

故 於涅槃了義教中 破彼偏見,
고 어열반요의교중 파피편견

부처님께서 평소에 범부와 외도들은 삿된 상常에 집착하고
이승의 사람들은 상을 무상으로 알아서
다 같이 여덟 가지 뒤바뀐 생각을 하기 때문에
열반 요의교를 말씀하시면서 그런 편견을 없애고자,

而顯說眞常眞樂眞我眞淨
이 현 설 진 상 진 락 진 아 진 정

汝今依言背義 以斷滅無常
여 금 의 언 배 의 이 단 멸 무 상

及確定死常 而錯解佛之圓妙
급 확 정 사 상 이 착 해 불 지 원 묘

最後微言 縱覽千偏 有何所益.
최 후 미 언 종 람 천 편 유 하 소 익

진상眞常과 진락眞樂과 진아眞我와 진정眞淨을 밝혀 말씀하셨는데 네가 그 말에 의지하여 뜻을 모르고 아무것도 없는 무상無常과 확실하지 않은 상常으로 부처님의 원만하고 미묘한 마지막 말씀을 잘못 이해하니 비록 천 번을 마음대로 본들 무슨 이익이 있겠느냐?"

行昌 忽然大悟 乃說偈言.
행 창 홀 연 대 오 내 설 게 언

행창이 그 순간 크게 깨달아서 게송으로 말씀드렸다.

因守無常心 佛說有常性
인 수 무 상 심 불 설 유 상 성

무상심에 머물러 있으니
부처의 유상 성품을 말하고

不知方便者 猶春池拾礫.
부 지 방 편 자 유 춘 지 습 력

방편이라는 것을 알지 못하니.
봄에 개울에서 조약돌 줍는 것 갔네.

我今不施功 佛性 而現前
아 금 불 시 공 불 성 이 현 전

나는 지금 아무런 공도 베풀지 않았는데

부처성품이 앞에 드러나는 것 같네

非師相授與 我亦無所得.
비 사 상 수 여 아 역 무 소 득

스승이 전수해 주신 것도 아니고.

나도 아무것도 이룬 것이 없네.

師 曰 汝今徹也 宜名志徹. 徹 禮謝而退.
사 왈 여 금 철 야 의 명 지 철 철 예 사 이 퇴

조사가 "네가 이제 똑똑히 알았으니 앞으로 이름을 지철이라 하여라." 지철이 절하고 감사하며 물러갔다.

有一童子 名 紳會 襄陽高氏 子.
유 일 동 자 명 신 회 양 양 고 씨 자

동자가 하나 있었는데 이름이 신회이고

양양 고씨의 자손이었다.

年 十三 自玉泉來 參禮 師 曰 知識,
년 십 삼 자 옥 천 래 참 례 사 왈 지 식

遠來艱辛 還將得本來否.
원 래 간 신 환 장 득 본 래 부

若有本卽合識主 試說看.
약 유 본 즉 합 식 주 시 설 간

나이 13세에 옥천사에서 와서 참배하니 조사가

"선지식아, 멀리서 오느라 고생했다.
근본은 알고 왔느냐? 근본이 있으면
바로 주인을 알 것이니 한 번 말해 보라." 하시니

會 曰以無住 爲本 見卽是主.
회 왈이무주 위본 견즉시주

師 曰這沙彌 爭合取次語.
사 왈저사미 쟁합취차어

會 乃問曰和尚 坐禪 還見 不見.
회 내문왈화상 좌선 환견 불견

신회가 "머무름이 없는 것으로 근본을 삼으니
보는 것이 곧 주인입니다." 하므로 조사께서
"이 사미가 어찌 그리 경솔하게 말하는가." 하셨는데
"화상께서는 좌선하실 때 보십니까?
보시지 않으십니까?" 하므로

師 以拄杖 打三下 云吾打汝 通 不通.
사 이주장 타삼하 운오타여 통 불통

對曰 亦通亦不通.
대왈 역통역부통

師 曰吾亦見亦不見.
사 왈오역견역불견

주장자로 세 번이나 때리시며
"내가 너에게 말했는데 통했느냐? 안 통했느냐?"
"통하기도 하고 안 통하기도 합니다."
"나도 역시 보기도 하고 보지 않기도 하느니라."

神會 問如何是亦見亦不見.
신회 문여하시역견역불견

師言 吾之所見 常見自心過愆 不見他人 是非好惡.
사언 오지소견 상견자심과건 불견타인 시비호악

是以 亦見亦不見.
시이 역견역불견

신회가 "어떤 것이 보며 또 보지 않기도 하는 것입니까?" 하니
조사가 "내가 보는 것은 언제나 내 마음의 허물만 보는 것이지
다른 사람의 옳고 그름과 좋고 나쁨을 보는 것이 아니니라.
그러므로 보기도 하고 보지 않기도 하는 것이니라.

汝言亦通亦不通 如何.
여언역통역불통 여하

汝若不通 同其木石 若通 卽同凡夫
여약불통 동기목석 약통 즉동범부

卽起恚恨 汝向前 見不見 是二邊.
즉기에한 여향전 견불견 시이변

네가 말한 통하기도 하고 안 통하기도 합니다. 하는 것은
어떤 것이냐? 네가 만일 통하지 않는다면 나무나 돌과 같고
만일 통하면 곧 범부와 같아서 곧 성내고 원한을 일으킬 것이니
네가 아까 보거나 보지 않는다는 것은 즉 두 가지가 있다.

通不通 是生滅 汝自性 且不見 敢爾戱論.
통불통 시생멸 여자성 차불견 감이희론

神會 禮拜悔謝. 師 又曰.
신회 예배회사 사 우왈

통하기도 하고 안 통하기도 한다는 것은 생, 멸이니라.

네가 자성을 아직 보지 못하였으면서 마치 아는 듯이 말하느냐."
신회가 뉘우치며 절하고 사과하였다. 대사가 또 말씀하셨다.

汝若心迷不見 問善知識覔路,
여약심미불견 문선지식멱로

汝若心悟 卽自見性 依法修行,
여약심오 즉자견성 의법수행

汝自迷 不見自心 却來問吾 見與不見.
여자미 불견자심 각래문오 견여불견

"네가 마음이 미혹하여 보지 못한다면
선지식에게 물어서 길을 찾고,
그리고 네가 마음을 깨달았으면
바로 스스로 성품을 보고 법에 의지하여
수행하여야 할 것인데, 너는 스스로 미혹하여
자기의 마음을 보지 못하였으면서도
어찌하여 나에게 와서 나의 보고 보지 않음을 묻느냐?

吾見自知 豈代汝迷. 汝若自見 亦不代吾迷,
오견자지 기대여미 여약자견 역불대오미

何不自知自見 乃問吾 見與不見.
하불자지자견 내문오 견여불견

나는 스스로 보고 아는데 어찌 너의 미혹함을 대신하겠느냐?
네 스스로 만일 본다하더라도 나의 미혹함을 대신할 수 없는데,
어찌 네가 알지 못하고 스스로 보지 못하면서
나의 보고 보지 않음을 묻느냐?"

神會 再禮百餘拜 求謝過愆 服僅給侍 不離左右.
신회 재례백여배 구사과건 복근급시 불리좌우

신회가 다시 백여 번 절을 하며 허물을 사죄하고

곁에 있으면서 부지런히 잘 모시었다.

一日 師 告衆曰吾有一物 無頭無尾
일일 사 고중왈오유일물 무두무미

無名無字 無背無面 諸人 還識否.
무명무자 무배무면 제인 환식부

어느 날 대사가 "나에게 한 물건이 있는데

머리도 없고 꼬리도 없고 이름도 없고 글자도 없고

등도 없고 얼굴도 없으니 너희들은 알겠는가?" 하시니

神會 出曰是諸佛之本源 神會之佛性.
신회 출왈시제불지본원 신회지불성

신회가 나와서

"이것은 모든 부처님의 본원이며 신회의 불성입니다." 하므로

師 曰向汝道無名無字 汝便喚作本源佛性
사 왈향여도무명무자 여변환작본원불성

汝向去 有把묘蓋頭 也只成箇知解宗徒.
여향거 유파묘개두 야지성개지해종도

대사가 "너희에게 이름도 글자도 없다 하였는데 네가 갑자기

본원이고 불성이라 하니 너는 어디 가서 지도자가 되더라도

한낱 지해종도知解宗徒 밖에 만들지 못하겠구나."

知解宗徒 : 깨닫지 못하고 글자를 이리저리 끼워 맞추는 무리들

祖師滅後 會入京洛 大弘曹溪頓教
조사멸후 회입경락 대홍조계돈교

著顯宗記 盛行於世.
저현종기 성행어세

대사가 돌아가신 후에 신회가 서울에 들어가
조계 돈교를 널리 펴고 종기宗記를 기록하니
많은 사람들이 감탄하고 좋아하였다.

師 見諸宗 難問 咸起惡心
사 견제종 난문 함기악심

多集座下 愍而謂曰學道之人.
다집좌하 민이위왈학도지인

대사는 여러 종도들이 비방하고 다들 나쁜 마음으로 모이는 것을
보시고 불쌍히 여겨 말씀하시길.

一切善念惡念 應當盡除 無名可名
일체선념악념 응당진제 무명가명

名於自性無二之性 是名實性.
명어자성무이지성 시명실성

"일체의 착한생각 악한 생각은 당연히 다 제거하여 무엇이라
이름 할 것이 없어야 자성이 둘이 아닌 성품이라
이름 하는 것이며 이를 이름 하여 실다운 성품이라 한다.

於實性上 建立一切教門 言下 便須自見.
어실성상 건립일체교문 언하 변수자견

실다운 성품을 바탕으로 일체의 가르침教門이 있는 것이니
한 마디 가르침을 스스로 잘 새겨 볼지어다."

諸人 聞說 總皆作禮 請事爲師.
제인 문설 총개작례 청사위사

모든 사람들이 말씀을 듣고 모두 예를 올리고 스승으로 모시기를 청하였다.

9. 宣詔品
선 조 품

神龍元年上元日 則天 中宗 詔云,
신 룡 원 년 상 원 일 측 천 중 종 조 운

신룡 원년(705년) 정월 보름날

중종의 왕으로써 조서를 보내고

朕 請安秀二師 宮中 供養
짐 청 안 수 이 사 궁 중 공 양

萬機之暇 每究一僧 二師 推讓云
만 기 지 가 매 구 일 승 이 사 추 양 운

南方 有能禪師 密授忍大師衣法 傳佛心印 可請彼問
남 방 유 능 선 사 밀 수 인 대 사 의 법 전 불 심 인 가 청 피 문

"내가 혜안과 신수의 두 어른을 청하여

극진히 공양하면서 나라를 다스리는 중에도 늘 일승一僧을

여쭈니 두 분의 큰 어른은 사양하며 말하기를

"남방에 혜능이 홍인대사의 가사와 법을 이어서

부처의 심인을 이어가시니 그 분께 청하여 여쭈어 보시죠."

하기에

심인心印 : 이어 가는 마음

今遣內侍薛簡 馳詔請迎 願師 慈念 速赴上京.
금 견 내 시 설 간 치 조 청 영 원 사 자 념 속 부 상 경

師 上表辭迭 願終林麓.
사 상 표 사 질 원 종 임 록

薛簡 曰京城禪德
설 간 왈 경 성 선 덕

皆云欲得會道 必須坐禪習定.
개 운 욕 득 회 도 필 수 좌 선 습 정

若不因禪定 而得解脫者
약 불 인 선 정 이 득 해 탈 자

未之有也. 未審師所說法 如何.
미 지 유 야 미 심 사 소 설 법 여 하

지금 내시 설간에게 조서를 보내면서 청하오니
대사께서는 자비를 베푸시어 속히 서울로 오시기 바랍니다."
그러나 대사는 그냥 산기슭에서 여생을 마치기를 원하였다.
설간이 "서울의 선덕들이 모두 말하기를
'진리를 알려면 언제든 앉아서 좌선하여 정定을 익혀보라.
선정 없이 해탈을 얻는다는 것은 있을 수 없는 일이다.' 하시던데
대사께서는 어떻게 설하시는지 모르겠습니다." 하니

師 曰道由心悟 豈在坐也.
사 왈 도 유 심 오 기 재 좌 야

經 云若言如來 若坐若臥 是行邪道.
경 운 약 언 여 래 약 좌 약 와 시 행 사 도

何故 無所從來 亦無所去.
하 고 무 소 종 래 역 무 소 거

대사가 "도는 마음으로 깨닫는 것인데 어찌 앉는데 있는가?"
금강경에 "만약 여래가 앉거나 눕기도 한다고 한다면

이것은 사도를 행하는 것입니다."
"온 곳이 없으니 갈 곳도 없고 그러니 어디로 갈 것인가?"
하셨습니다.

無生無滅 是如來淸淨禪
무생무멸 시여래청정선

諸法空寂 是如來淸淨坐 究境無證
제법공적 시여래청정좌 구경무증

豈況坐耶.
기황좌야

생멸生滅 없는 것이 여래의 청정한 선禪이고
만법이 비어 없는데 여래란 자리는 무엇으로 증명하고
어떻게 알 것인가?"

簡 曰弟子 回京 主上 必問 願師 慈悲 指示心要
간 왈제자 회경 주상 필문 원사 자비 지시심요

傳奏兩宮 及京城學道者,
전주양궁 급경성학도자

설간이 "제자가 서울에 돌아가면 대왕께서 반드시 물으실 것이니 원 하옵나니 조사께서 자비를 베푸시어 간단하게 가르쳐 주시면 서울에 있는 배우는 모든 사람들에게 전하고자 하면서,

譬如一燈 燃百千燈 冥者皆明 明明無盡.
비여일등 연백천등 명자개명 명명무진

예를 들어 하나의 등이 백 천 개의 등을 켜는 것처럼
밝음이 영원하도록 하겠습니다." 하니

師 云道無明暗. 明暗 是代謝之義.
사 운도무명암 명암 시대사지의

明明無盡 亦是有盡 相待立名故.
명명무진 역시유진 상대입명고

대사가

“도에는 밝고 어두움이 없고.

밝음과 어두움은 번갈아 바뀐다.

밝고 밝아 다 함이 없는 것도 역시 다함이 있는 것이니

이것으로 이름을 붙인 것이라.

淨名經 云法無有比 無相待故.
정명경 운법무유비 무상대고

정명경에 “법은 견줄 수 있는 상대가 없기 때문입니다.”

라고 하셨습니다.

淨名經 : 유마경維摩經

簡 曰明喩智慧 暗喩煩惱
간 왈명유지혜 암유번뇌

修道之人 倘不以智慧 照破煩惱
수도지인 당불이지혜 조파번뇌

無始生死 憑何出離.
무시생사 빙하출리

설간이 “밝음은 지혜고 어두움은 번뇌에 비유한 것이니

수행하는 사람이 지혜로써 번뇌를 비추어 깨뜨리지 아니하고

삶과 죽음을 무엇에 의지하여 벗어나려하는가?” 하니

師 曰煩惱 卽是菩提. 無二無別.
사 왈번뇌 즉시보리 무이무별

若以智慧 照破煩惱者
약이지혜 조파번뇌자

此是二乘 見解 羊鹿等機 上智大根 悉不如是.
차시이승 견해 양록등기 상지대근 실불여시

대사가

"번뇌는 즉 보리요. 둘이 아니니다.

그러나 지혜로써 번뇌를 비추어 사라지게 한다면

이는 일반적인 범부들의 생각이고

양과 사슴 등의 아주 낮은 동물들과 같음이라

높은 지혜의 대 근기는 다 이와 같지 않습니다."

簡 曰如何是大乘見解.
간 왈여하시대승견해

설간이 "어떤 것이 대승의 경지 입니까?" 라고 여쭈니

師 曰明與無明 凡夫 見二 智者
사 왈명여무명 범부 견이 지자

了達其性 無二 無二之性 卽是實性.
요달기성 무이 무이지성 즉시실성

"밝고 밝지 않은 것을 범부는 둘로 보지만

지혜로운 사람은

그 성품이 둘이 아님을 아는 것입니다.

둘이 아닌 성품이 곧 실다운 성품입니다.

實性者 處凡愚而不感 在賢聖而不增
실성자 처범우이불감 재현성이부증

住煩惱而不亂 居禪定而不寂 不斷不常 不來不去
주번뇌이불란 거선정이불적 부단불상 불래불거

바른 성품은 어리석은 범부에게 있어도 줄지도 않고

현명한 성인에게 있어도 늘지 않으며

번뇌에 머물고 어지럽지 않고

선정에 빠져 고요하지 않으며 끊어지지도 않고

언제나 하지도 오지도 가지도 않으며

不在中間 及其內外 不生不滅
부재중간 급기내외 불생불멸

性相 如如 常住不遷 名之曰道.
성상 여여 상주불천 명지왈도

중간이나 그 안팎에도 있지 않고 생기지도 멸하지도 않으며

언제나 변하지 않는 것을 성품이라 이름 합니다." 하셨다.

簡 曰師說不生不滅 何異外道.
간 왈사설불생불멸 하이외도

설간이

"대사께서 말씀하시는 불생불멸은 외도와 무엇이 다릅니까?"

師 曰外道所說不生不滅者 將滅止生 以生顯滅.
사 왈외도소설불생불멸자 장멸지생 이생현멸

"외도가 말하는 불생불멸은 멸이 문득 멈추니 생기고

생이 멈추니 멸이 나타내는 것이라.

滅猶不滅 生說不生
멸 유 불 멸 생 설 불 생

我說不生不感者 本自無生 今亦不滅
아 설 불 생 불 감 자 본 자 무 생 금 역 불 멸

所以 不同外道.
소 이 부 동 외 도

멸도 다만 불멸과 같으나 나는 것도 나지 않는 것이라
말하지만 내가 말한 불생불멸은 본래 스스로 생겨남이
없는 것이니 없어지는 것도 없으므로 외도와는 다릅니다.

汝若欲知心要 但一切善惡
여 약 욕 지 심 요 단 일 체 선 악

都莫思量 自然得入清淨心體
도 막 사 량 자 연 득 입 청 정 심 체

湛然常寂 妙用 恒沙.
담 연 상 적 묘 용 항 사

네가 만약 요지를 알려면
일체의 선과 악을 전혀 생각으로 헤아리지 말아야 하고.
그대로 청정한 마음의 바탕에 들어 맑고 언제나 고요하면서
묘한 쓰임이 항하의 모래 수 같을 것이다." 라 하셨다.

簡 蒙指教 豁然大悟 禮辭歸闕 表奏師語.
간 몽 지 교 활 연 대 오 예 사 귀 궐 표 주 사 어

설간이 가르침을 받고 활짝 열리듯
크고 시원하게 깨닫고 예배드리고 하직하여
대궐로 돌아와 대사의 말씀을 글로 올렸다.

其年九月三日 有詔 獎諭師曰師辭老疾
기 년 구 월 삼 일 유 조 장 유 사 왈 사 사 노 질

爲朕修道 國之福田.
위 짐 수 도 국 지 복 전

그해 9월 3일 조서에 대사께 감사하며 이르기를

“대사께서 늙고 병들었다고 말씀하시며

짐을 위하여 도를 닦으시니 나라의 복전입니다.

師若淨名 託疾毘耶 闡揚大乘 傳諸佛心 談不二法.
사 약 정 명 탁 질 비 야 천 양 대 승 전 제 불 심 담 불 이 법

대사께서는 정명 유마힐께서 병이 들어

비야리 성에서 사양하고

대승을 드러내어 밝혀서 널리 펴서

제불諸佛의 마음을 전하는데

둘이 아닌 법을 말씀하신 것입니다.

천양闡揚 : 드러내어 밝혀서 널리 펴다.

薛簡 傳師 指授如來知見
설 간 전 사 지 수 여 래 지 견

朕 積善餘慶 宿種善根 値師出世
짐 적 선 여 경 숙 종 선 근 치 사 출 세

頓悟上乘 感荷師恩 頂戴無已.
돈 오 상 승 감 하 사 은 정 대 무 이

幷奉磨衲袈裟 及水晶鉢 勅韶州刺史
병 봉 마 납 가 사 급 수 정 발 칙 소 주 칙 사

修飾寺宇 賜師舊居 爲國恩寺焉.
수 식 사 우 사 사 구 거 위 국 은 사 언

설간이 대사께서 가르쳐 주신 여래의 지견을 전하여 주니
짐은 착한 일을 많이 한 결과結果 숙세에 심은 선근으로
대사의 출현하심을 만나서 높은 승을 문득 깨달았으니
대사의 은혜에 감사하며 머리 숙여 받들어 모십니다." 하며
가사 장삼과 수정 발우를 올려드리고 소주자사에게 명하여
도량을 수리하여 장엄하게 하고
대사의 예전 거처를 국은사國恩寺라 하였다

10. 付囑品
부 촉 품

師 一日 喚門人法海,
사 일일 환문인법해

志誠, 法達, 神會, 智常, 智通,
지성 법달 신회 지상 지통

志徹, 志道, 法珍, 法如等 曰.
지철 지도 법진 법여등 왈

汝等 不同餘人 吾滅度後 各爲一方師
여등 부동여인 오멸도후 각위일방사

吾今敎汝說法 不失本宗.
오금교여설법 부실본종

대사께서 하루는 문인인 법해, 지성, 법달, 신회, 지상, 지통,
지철, 지도, 법진, 법여 등을 불러 말씀하시길
"너희들은 다른 사람과 다르니
내가 멸도한 후에 각각 한 지방의 스승이 될 것이므로
내가 이제 너희들에게 설법하는 것을 가르쳐서
근본 종지를 잃지 않게 하리라.

先須擧三科法門 動用三十六對
선수거삼과법문 동용삼십육대

出沒 卽離兩邊 說一切法 莫離自性.
출몰 즉리양변 설일체법 막리자성

우선 삼과三科 법문에 의거하여 쓰임이 나오는 36가지 상대를
들것이니 나오고 들어감에 양쪽을 떠나서
일체 법이 자성을 떠나지 않음을 설하리라.

忽有人 問汝法 出語盡雙 皆取對法 來去相因 究境
홀유인 문여법 출어진쌍 개취대법 내거상인 구경

二法 盡除 更無去處.
이법 진제 갱무거처

느닷없이 누가 너희에게 법을 묻거든 비교하여 말하고
모두 맞추어보고 법에 의지하고 오고 감이 서로 원인이니
결국 두 법이 없으므로 다시 갈 곳이 없게 하여라.

三科法門者陰界入也. 陰 是五陰 色受想行識 是也,
삼과법문자음계입야 음 시오음 색수상행식 시야

삼과三科 법문이라 하는 것은 음陰 계界 입入을 말한다.
음陰은 곧 5음이니 색, 수, 상, 행, 식 이고,

入 是十二入 外六塵色聲香味觸法
입 시십이입 외육진색성향미촉법

內六門眼耳鼻舌身意 是也,
내육문안이비설신의 시야

입入은 곧 12입入으로

밖의 6진六塵 색, 성, 향, 미, 촉, 법과

안의 6문六門 안, 이, 비, 설, 신, 의 이며,

界 是十八界 六塵六門六識 是也.
계 시 십 팔 계 육 진 육 문 육 식 시 야

계界는 18계로 6진六塵 6문六門 6식六識이니라.

六識 : 안식眼識 이식耳識 비식鼻識 설식舌識 신식身識 의식意識

自性 能含萬法 名含藏識. 若起思量 卽是轉識.
자 성 능 함 만 법 명 함 장 식 약 기 사 량 즉 시 전 식

生六識出六門見六塵.
생 육 식 출 육 문 견 육 진

자성이 만법을 품으니 함장식이라 하고.

그것이 생각으로 헤아리면

즉 의식을 굴리는 것이며.

6식六識으로 6문과 6진을 보는 것이다.

如是一十八界 皆從資性起用 自性 若邪 起十八邪
여 시 일 십 팔 계 개 종 자 성 기 용 자 성 약 사 기 십 팔 사

自性 若正 起十八正.
자 성 약 정 기 십 팔 정

이것은 18계界가 모두 자성으로 인하여 쓰이는 것이고

자성이 혹시 삿되면 18사邪가 일어나며

자성이 올 바르면 18정正이 나오느니라.

若惡用 卽衆生用 善用 卽佛用.
약 악 용　즉 중 생 용　선 용　즉 불 용

用由何等. 有自性 有對法. 外境無情 五對.
용 유 하 등　유 자 성　유 대 법　외 경 무 정　오 대

그러나 악하게 쓰면 중생의 쓰임用이고

부처는 착하게 쓰는 것이고.

쓰임은 어디에 근거로 하느냐

자성이 있으니 상대 진리가 있고.

바깥 경계엔 실상이 없는 다섯 가지가 상대가 있다.

天與地對, 日與月對, 明與暗對,
천 여 지 대　일 여 월 대　명 여 암 대

陰與陽對, 水與火對. 此是五對也.
음 여 양 대　수 여 화 대　차 시 오 대 야

하늘과 땅, 해와 달, 밝음과 어두움, 음과 양이고, 물과 불이고

이것이 다섯 가지 상대라 한다.

法相語言 十二對.
법 상 어 언　십 이 대

語與法對, 有與無對, 有色與無色對,
어 여 법 대　유 여 무 대　유 색 여 무 색 대

有相與無相對, 有漏與無漏對, 色與空對,
유 상 여 무 상 대　유 루 여 무 루 대　색 여 공 대

動與靜對, 清與濁對, 凡與聖對, 僧與俗對,
동 여 정 대　청 여 탁 대　범 여 성 대　승 여 속 대

老與少對, 大與小對, 此是十二對也.
노 여 소 대　대 여 소 대　차 시 십 이 대 야

법의 상을 말하면 열두 가지 상대가 있는데.

말과 법이고, 유와 무며, 빛깔과 빛깔 아닌 것이고, 모양과 모양 아닌 것이며, 번뇌와 번뇌 없음이고, 물질과 허공이며, 움직임과 고요함이고, 맑음과 흐림이며, 범부와 성인이고, 승려와 속인이며, 늙음과 젊음이고, 큰 것과 작은 것이니. 이것이 열두 가지의 상대니라.

自性起用 十九對.
자성기용 십구대

長與短愛, 邪與正對, 痴與慧對,
장여단애 사여정대 치여혜대

愚與智對, 亂與定對, 慈與毒對,
우여지대 난여정대 자여독대

戒與非對, 直與曲對, 實與虛對,
계여비대 직여곡대 실여허대

險與平對, 煩惱與菩提對,
험여평대 번뇌여보리대

常與無常對, 悲與害對, 喜與瞋對,
상여무상대 비여해대 희여진대

捨與慳對, 進與退對,
사여간대 진여퇴대

生與滅對, 法身與色身對,
생여멸대 법신여색신대

化身與報身對, 此是十九對也.
화신여보신대 차시십구대야

자성의 쓰임이 비롯되는 것은 열아홉 가지의 상대가 있다.

길고 짧은 것이고, 삿된 것과 올바른 것이며, 어리석은 것과 지혜로운 것이고, 모르는 것과 아는 것이며, 어지러움과 고요함이 고, 자비로움과 독한 것이며, 계戒와 그릇됨이고, 곧은 것과 굽은 것이며, 참된 것과 헛됨이고, 험한 것과 평탄한 것이며, 번뇌와 보리고, 늘 있음과 덧없음이며, 불쌍히 여기는 것과 해치는 것이고, 기쁜 것과 성내는 것이며, 주는 것과 인색한 것이고, 나아가는 것과 물러나는 것이며, 생겨나는 것과 없어지는 것이고, 법신과 육신이며, 화신과 보신이니. 이것이 곧 열아홉 가지의 상대니라.

師 言 此三十六對法 若解用
사 언 차삼십육대법 약해용

卽道貫一切經法 出入 卽離兩邊
즉도관일체경법 출입 즉리양변

自性動用 共人言語 外於相 離相 內於空 離空.
자성동용 공인언어 외어상 이상 내어공 이공

서른여섯 가지 상대법을 쓸 줄 알면 바로 도가 일체 경전을 꿰뚫어 들어오고 나가는 양쪽을 떠나서 자성의 쓰임을 사람들한테 말함에 있어서 밖으로는 상相에 대하여 상을 떠나고 안으로는 공空에 대하여 공을 떠나느니라.

若全著相 卽長邪見 若全執空 卽長無明.
약전착상 즉장사견 약전집공 즉장무명

그러므로 상相이 드러나면 사견을 기르고
그리고 비어야空 하는 것에 또 집착하면 무명을 기르느니라.

執空之人 有謗經 直言不用文字
집공지인 유방경 직언불용문자

旣云不用文字 人亦不合語言
기운불용문자 인역불합어언

只此語言 便是文字之相.
지 차 어 언 변 시 문 자 지 상

又云直道 不立文字 卽此不立兩字 亦是文字.
우 운 직 도 불 립 문 자 즉 차 불 립 양 자 역 시 문 자

見人所說 便卽謗他 言著文字 汝等 須知.
견 인 소 설 변 즉 방 타 언 착 문 자 여 등 수 지

비어야空 하는 것에 묶여있는 이는 부처님 말씀을 비방하지만 올바른 쓰임에는 문자가 필요 없고 이미 그 전부터 문자가 필요 없는데 다른 사람에게 문자의 상相을 말하는 것은 틀린 것이다.또 도道는 문자가 아니니 세움도 세우지 않음도 아니지만 이것 또한 문자네. 하는 사람이 다른 사람이 말하는 것을 보고곧 그를 비방하기를 문자에 집착한다 하는데, 너희들은 마땅히 알아라.

自迷 猶可 又謗佛經 不要謗經 罪障 無數.
자 미 유 가 우 방 불 경 불 요 방 경 죄 장 무 수

스스로 미혹함은 이해가되지만 부처님 말씀을 헐뜯으랴 부처님 말씀을 비방 말라. 그 죄는 헤아릴 수 없느니라.

若著相於外 而作法求眞 或廣立道場
약 착 상 어 외 이 작 법 구 진 혹 광 립 도 량

說有無之過患 如是之人
설 유 무 지 과 환 여 시 지 인

累劫 不得見性 但聽依法修行,
누 겁 부 득 견 성 단 청 의 법 수 행

又莫百物 不思 而於道性 窒碍.
우 막 백 물 불 사 이 어 도 성 질 애

그러나 바깥 경계에 머물면서 올바른 진리를 구하려 하는 것은
도량을 넓게 하여 유무의 허물과 근심을 말하는 것처럼
이런 사람은 오랜 겁이 지나더라도 성품을 보지 못하니
그러므로 법을 듣고 법을 의지하여 수행할 것이며,
또 온갖 사물을 생각지 아니하는 것이 근본 성품이라 하여
막거나 방해하지 말라.

若聽說不修 令人 反生邪念
약청설불수 영인 반생사념

但依法修行 無住相法施.
단의법수행 무주상법시

그리고 설법을 듣고 수행하지 아니하면 사람들은 삿된 생각이
드는 것이니 그러므로 법에 의지해 수행하고 상에 머무름 없는
법을 베풀어라.

汝等 若悟 依此說依此用
여등 약오 의차설의차용

依此行依此作 卽不失本宗.
의차행의차작 즉불실본종

네가 깨닫고 이를 의지하여 말하고 쓰며 행하고 이루면
바로 근본 종지를 이어 가는 것이니라.

若有人 問汝義 問有 將無對
약유인 문여의 문유 장무대

問無 將有對 問凡 以聖對 問聖
문무 장유대 문범 이성대 문성

以凡對 二道相因 生中道義,
이범대 이도상인 생중도의

그리고 누가 너에게 뜻을 물을 때 유를 물으면 무로 무를 물으면 유를 범부를 물으면 성인으로 성인을 물으면 범부로 대답하여 두 도가 서로 원인이 되어 중도의 뜻이 나게 할 것이며,

如一問一對 餘問 一依此作 卽不失理也.
여일문일대 여문 일의차작 즉불실리야

한번 물으면 한번 대답하고 나머지 물음은
언제나 이렇게 대답하면 이치를 잃지 않으리라.

設有人 問 何名爲暗 答云明是因 暗是緣 明沒卽暗.
설유인 문 하명위암 답운명시인 암시연 명몰즉암

어떤 이가 묻기를 무엇을 어두움이라고 하느냐하면
대답하기를 밝음이 인因이고 어두움이 연緣이 되어
밝음이 없어지면 곧 어두움이다. 라고 하여라.

以明顯暗 以暗顯明 來去相因
이명현암 이암현명 내거상인

成中道義, 餘問 悉皆如此
성중도의 여문 실개여차

汝等 於後傳法 依此傳法
여등 어후전법 의차전법

依此迭相教授 勿失宗旨.
의차질상교수 물실종지

밝음이 어두움을 나타내고 어두움이 밝음을 나타내는 것이니

오고 감도 서로 원인이 되니 중도의 뜻을 이루는 것이라,
나머지 물음에도 모두 이와 같이 하여라.
너희들이 다음에 법을 전할 때에도 이것에 의지하여 서로 바꾸어 가르쳐서 종지를 잃지 않도록 하라."

師於太極元年壬子七月 命門人
사어태극원년임자칠월 명문인
往新州國恩寺 健塔 仍令促工
왕신주국은사 건탑 잉령촉공
次年夏末 落成.
차년하말 낙성

대사께서 태극 원년 임자년(712년) 7월에 문인에게 명하시어 신주 국은사에 가서 탑을 세우게 하시고, 일하는 사람들을 독려하여 다음해 늦여름에 낙성을 하였다.

七月一日 集徒衆曰.
칠월일일 집도중왈
吾至八月 欲離世間 汝等 有疑 早須相問.
오지팔월 욕리세간 여등 유의 조수상문
爲汝破疑 令汝迷盡. 吾若去後 無人敎汝.
위여파의 영여미진. 오약거후 무인교여

7월 1일에 문도 대중들을 모아놓고.
"내가 8월에 세상을 이별할 것이니 너희들이 의심나는 것이 있으면 빨리 물어라.
너희들의 의심을 남김없이 모두가 어리석음이 없게 하리라.
내가 가고 난 후에는 너희를 가르칠 사람이 없을 것이니라."

法海等 聞 悉皆涕泣 惟有神會
법해등 문 실개체읍 유유신회

神精不動 亦無涕泣 師曰.
신정부동 역무체읍 사왈

神會小師 却得善不善等, 毁譽不動, 哀樂不生.
신회소사 각득선불선등 훼예부동 애락불생

법해 등 모두가 듣고 눈물을 흘리며 슬퍼하는데
오직 신회만이 마음을 움직이지 않고 울지도 않으니
대사가 "신회소사가 도리어 선과 선하지 못함이
평등함을 얻었으며, 헐뜯는 것과 칭찬하는 것에
움직이지 않는 마음을 얻었으며,
슬픔과 즐거움을 내지 않는 마음을 얻었구나.

餘者 不得 數年 在山 竟修何道.
여자 부득 수년 재산 경수하도

汝今悲泣 爲愚阿誰.
여금비읍 위우옥수

나머지 사람들은 얻지 못했으니 몇 해씩 산에 있으면서
무슨 공부했는가? 너희가 지금 슬피 우는데
누구를 위하여 슬피 우는 것이냐?

若愚吾 不知去處 吾 自知去處.
약우오 부지거처 오 자지거처

若吾不知去處 終不預報於汝.
약오부지거처 종불예보어여

그러나 내가 가는 곳을 알지 못하여 근심하지 말라
내가 스스로 갈 곳을 알고 있느니라.

그러니 내가 갈 곳을 알지 못한다면
너희에게 미리 알려주지 못했을 것이니라.

汝等悲泣 蓋爲不知吾 去處.
여 등 비 읍 개 위 부 지 오 거 처

若知吾 去處 卽不合悲泣.
약 지 오 거 처 즉 불 합 비 읍

너희들이 슬피 우는 것은
내가 어디로 가는 곳을 알지 못하기 때문이다.
그러므로 내가 가는 것을 안다면
당연히 슬퍼하며 울지는 않으리라.

法性 本無生滅去來 汝等 盡坐.
법 성 본 무 생 멸 거 래 여 등 진 좌

吾與汝說一偈. 名曰眞假動靜偈,
오 여 여 설 일 게 . 명 왈 진 가 동 정 게

법성에는 본래 생겨남도 없어짐도 가고 오는 것이 없으니
너희들은 모두 앉아라.
내가 너희들에게 한 게송을 주리라.
게송 명은 진가동정게眞假動靜偈라함.

汝等 誦取此偈 與吾意同 依此修行 不失宗旨.
여 등 송 취 차 게 여 오 의 동 의 차 수 행 부 실 종 지

衆僧 作禮 請師說偈 偈 曰.
중 승 작 례 청 사 설 게 게 왈

너희들이 이 게송을 읽고 지니면

나의 생각과 같아질 것이며 이를 의지하여 수행하면 종지를 잃지 않을 것이다.”

스님들이 예를 올리고 조사에게 게송을 설해 주실 것을 청하자 말씀을 하셨다.

一切無有眞 不事見於眞.
일 체 무 유 진 불 사 견 어 진

일체는 본성이 없는데
본성을 본다 하지 말라.

若見於眞者 是見 盡非眞.
약 견 어 진 자 시 견 진 비 진

그러므로 본성을 본다 하는 자는
본성이 아닌 걸 본다 하는 것이라.

若能自有眞 離假卽心眞
약 능 자 유 진 이 가 즉 심 진

그러나 스스로 본성이 있다면
거짓 된 것을 즉 참 뜻이라 하니

自心 不離假 無眞 何處眞.
자 심 불 리 가 무 진 하 처 진

스스로 거짓 된 마음을 떠나지 않으면서
없는 본성을 어디서 찾을까.

有情 卽解動 無情 卽不動
유정 즉해동 무정 즉부동

생각하는 중생은 바로 움직일 줄 알지만

깨달음이 없는 물건은 움직일 줄 모른다.

若修不動行 同無情不動.
약수부동행 동무정부동

그러므로 움직이지 않는 수행은

생각이 없는 물건과 같으리라.

若覓眞不動 動上 有不動.
약멱진부동 동상 유부동

그러니 참으로 움직이지 않음을 찾으려면

움직이는 것이 바로 움직이지 않음이다.

不動 是不動 無情 無佛種.
부동 시부동 무정 무불종

움직이지 않음이 부동이라면

무정은 부처될 씨앗이 없는 것이니라.

能善分別相 第一義 不動
능선분별상 제일의 부동

능히 상을 잘 살펴 판단하되

첫 뜻은 움직이지 말라.

但作如此見 卽是眞如用.
단 작 여 차 견 즉 시 진 여 용

다만 이 같은 소견을 가지면

이것이 곧 진여의 작용이니라.

報諸學道人 努力須用意
보 제 학 도 인 노 력 수 용 의

도를 배우는 사람들에게 알리니

힘써 모름지기 뜻을 사용하여

莫於大乘門 却執生死智.
막 어 대 승 문 각 집 생 사 지

대승의 문에서

지혜로 생사를 물리쳐라.

若言下 相應 卽共論佛義
약 언 하 상 응 즉 공 론 불 의

만약 말이 서로 맞으면

곧 불법을 같이 의논하되

若實不相應 合掌今歡喜.
약 실 부 상 응 합 장 금 환 희

만일 바탕에 서로 응하지 않으면

합장하여 환희케 하여라.

此宗 本無諍. 諍卽失道義
차종 본무쟁 쟁즉실도의

부처의 본바탕은 본래 다툼이 없는 것이라.

다투면 바로 도의 뜻을 잃어버리며

執逆諍法門 自性 入生死.
집역쟁법문 자성 입생사

반대로 집착하여 법문을 다투면

자성은 생사에 얽매인다.

時 徒衆 聞說偈已 普皆作禮 竝體師意.
시 도중 문설게이 보개작례 병체사의

各各攝心 依法修行 更不敢諍.
각각섭심 의법수행 갱불감쟁

어느 때 대중들이 대사께서 설하신 게송을 듣고

모두 다 절하였고 아울러 대사의 뜻을 알았다.

서로 마음을 거두고 법에 의지하여 수행하며

다시는 감히 언쟁으로 다투지 않았다.

乃知大師 不久住世 法海上座 再拜問曰,
내지대사 불구주세 법해상좌 재배문왈

和尙 入滅之後 衣法 當付何人.
화상 입멸지후 의법 당부하인

대사께서 세상에 오래 머무르시지 못할 것을 알고 법해상좌가 다시 절하며 여쭙기를, "화상께서 입멸하신 뒤에 가사와 법은 어느 누구에게 맡기십니까?" 하니

師 曰吾於大梵寺 說法
사 왈오어대범사 설법

以至于今 抄錄流行 目曰法寶壇經
이지우금 초록류행 목왈법보단경

汝等 守護 遞相傳受 度諸群生 但依此說 是名正法.
여등 수호 체상전수 도제군생 단의차설 시명정법

今爲汝等 說法 不付其衣.
금위여등 설법 불부기의

대사가 "내가 대범사에서 설법한 이후부터 지금에 이르기까지
법보단경이라고 기록하여 둔 것이 유행하고 있으니
너희들은 이것을 수호하고 번갈아 가며
서로 전해 주어 모든 중생을 제도하되
다만 이 말대로만 하면 곧 정법이라 할 것이니라.
이제 너희들을 위하여 법을 설하되 그 가사는 맡기지 않겠노라.

蓋爲汝等 新根 淳熟 決定無疑
개위여등 신근 순숙 결정무의

堪任大事 然 據先祖達摩大師
감임대사 연 거선조달마대사

付授偈意 衣不合傳 偈 曰.
부수게의 의불합전 게 왈

대체로 너희들은 믿음의 근기가 순박하고 무르익었으며
의심이 전혀 없으므로 큰일을 감당할 만하지만
선조인 달마대사께서 부탁하며 주신 게의 뜻에 의거하여
옷은 마땅히 전하지 않을 것이니라."
하시며 게송으로 말씀하시기를.

吾本來茲土 傳法救迷情
오본래자토 전법구미정

내가 본래 이 땅에 온 것은

법을 전하여 미혹한 중생을 구제하려 함인데

一花開五葉 結果自然成.
일화개오엽 결과자연성

한 꽃에 다섯 잎이 열려서

열매가 자연히 맺으리라.

師 復曰諸善知識, 汝等 各各淨心 聽吾說法.
사 부왈제선지식 여등 각각정심 청오설법

若欲成就種智 須達一相三昧 一行三昧.
약욕성취종지 수달일상삼매 일행삼매

"선지식아, 너희들은 모두 마음을 깨끗이 하고 나의 설법을 들어라. 그리고 일체종지를 성취하고자 하면 반드시 본성을 차별이 없는 한결같은 모습으로 보는 일상삼매一相三昧와 만물의 현상은 평등하고 한 모양으로 보는 일행삼매一行三昧에 통달하여야 하느니라.

若於一切處 而不住相 於彼相中 不生憎愛 亦無取捨
약어일체처 이불주상 어피상중 불생증애 역무취사

不念利益成壞等事 安閒恬靜
불념이익성괴등사 안한념정

虛融湛泊 此名一相三昧.
허융담박 차명일상삼매

그리고 일체 어느 곳이든 상에 머물지 않고
그 상에 있으면서 미워하거나 애착하는 생각을 내지 않으며
또 취하거나 버리지 아니하며
이익과 차별을 생각지 아니하여
편안하고 한가로우며 조용하고 허공처럼 비어 차별 없는
한결같은 모습으로 통하면 이것을 일상삼매一相三昧라 한다.

若於一切處 行住坐臥 純一直心
약어일체처 행주좌와 순일직심
不動道場 眞成淨土 此名一行三昧.
부동도량 진성정토 차명일행삼매

그리고 일체 어느 곳이든 움직이고 머무르고 앉고 눕더라도
순수하고 곧은 마음으로
도량을 움직이지 않고 참으로 정토를 이루면
이것을 일행삼매一行三昧라 하느니라.

若人 具二三昧 如地有種 含藏長養
약인 구이삼매 여지유종 함장장양
成熟其實 一相一行 亦復如是.
성숙기실 일상일행 역부여시

어떤 사람이 두 가지 삼매를 갖추면
마치 땅에 종자를 심어 싹이 트고 자라서
열매 맺는 것과 같이 일상삼매一相三昧와
일행삼매一行三昧도 역시 이와 같은 것이니라.

我今說法 猶如時雨 普潤大地 汝等佛性 譬諸種子
아금설법 유여시우 보윤대지 여등불성 비제종자

遇茲霑洽 悉得發生.
우자점흡 실득발생

내가 지금 법을 설하는 것은

때맞춰 비가 내려 대지를 두루 윤택하게 하듯이

너희들의 불성을 비유하면 모든 씨앗이

비를 만나 흠뻑 적셔져서 모두 다 싹이 트는 것과 같은 것이니라.

承吾旨者 決獲菩提 依吾行者 定證妙果. 聽吾偈 曰.
승오지자 결획보리 의오행자 정증묘과 청오게 왈

나의 뜻을 계승하는 자는 반드시 깨달음을 얻을 것이고

나의 행을 의지하는 자는 바르게 깨닫는 묘한 결과가 있으리라.

나의 게송을 들어라.

心地含諸種 普雨悉皆萌.
심지함제종 보우실개맹

마음의 땅은 모든 종자를 머금어서

두루 비가 내리면 모두 싹이 트리라.

頓悟花情已 菩提果自成.
돈오화정이 보리과자성

이미 꽃의 본성을 깨달았다면

보리의 열매는 절로 열리는 것이니라.”

師 說偈已
사 설게이

曰其法 無二 其心
왈기법 무이 기심

亦然 其道淸淨 亦無諸相
역연 기도청정 역무제상

汝等 愼勿觀靜 及空其心.
여등 신물관정 급공기심

대사께서

"이미 법은 둘이 아닌데 무엇이 다르겠느냐

모든 상이 아무것도 없으니

너희들은 고요한 그 마음도 비우려 하지 말라.

此心 本淨 無可取捨 各自努力 隨緣好去.
차심 본정 무가취사 각자노력 수연호거

爾時 徒衆 作禮而退.
이시 도중 작례이퇴

본래 마음이 청정하여 취할 것도 버릴 것도 없으니

서로가 스스로 힘써서 좋은 인연을 만나 잘 가거라."

이에 대중들이 절하고 물러갔다.

大師 七月八日 忽謂門人曰.
대사 칠월팔일 홀위문인왈

吾欲歸新州 汝等 速理舟接.
오욕귀신주 여등 속리주접

大衆 哀留甚堅 師曰.
대중 애유심견 사왈

대사가 7월 8일에 갑자기 문인들에게 말씀하셨다.

"내가 새로운 세상으로 가고자 하니
너희들은 속히 배를 손질해 놓아라."
대중이 슬퍼하며 더 계시기를 간곡히 원하므로 대사가

諸佛 出現 猶示涅槃 有來必去 理亦常然.
제불 출현 유시열반 유래필거 이역상연

吾此刑骸 歸必有所.
오차형해 귀필유소

"모든 부처님이 출현하시어 열반을 보이시듯이
오면 반드시 가는 것이 당연한 이치이다.
나의 이 육신도 반드시 돌아가야 할 곳이 있느니라."

衆 曰師從此去 早晩可回. 師 曰葉落歸根 來時無口.
중 왈사종차거 조만가회 사 왈엽락귀근 내시무구

又問曰 正法眼藏 傳付何人.
우문왈 정법안장 전부하인

"대사께서 이제 가시면 언제 오시나이까?"
"잎이 떨어지면 뿌리로 돌아가는 지라
올 때를 말로 할 수 없느니라."
"정법안장은 누구에게 전하십니까?"

師 曰有道者 得 無心者 通. 又問後 莫有難否.
사 왈유도자 득 무심자 통 우문후 막유난부

"도 있는 자가 얻을 것이고 무심한 자가 통할 것이다."
"후에 환란이 없겠습니까?"

師 曰吾滅後五六年 當有一人 來取吾首 聽吾記.
사 왈오멸후오육년 당유일인 내취오수 청오기

曰頭上養親 口裡須餐 遇滿之難 楊柳爲官.
왈두상양친 구리수찬 우만지난 양유위관

"내가 죽은 후 5~6년이 지나면 어떤 사람이
내 머리를 가지러 올 것이니 나의 예언을 들어라.
머리를 받들어 친히 공양하고자 함에(김대비),
입으로 찬미하며 좋은 곳으로 모셔가리니
장정만의 난을 만날 때 양유(양간, 유무첨)가
공무 집행을 잘 할 것이다.

又云吾去七十年 有二菩薩 從東方來
우운오거칠십년 유이보살 종동방래

一 出家 一 在家 同時興化
일 출가 일 재가 동시흥화

建立吾宗 締緝伽藍 昌隆法嗣.
건립오종 체즙가람 창륭법사

내가 가고 70년이 되면 두 보살 마조와 방거사가
동방에서 오는데 한 사람은 출가한 사람이고
한 사람은 재가자인데
동시에 크게 교화하여 나의 종宗을 세우고
가람을 짜임새 있게 하여
법을 이을 이들이 쏟아져 나오리라."

問曰 未知從上佛祖 應現以來 傳授幾代 願垂開示.
문왈 미지종상불조 응현이래 전수기대 원수개시

"위로부터 불조께서 화신으로 오신 이후 몇 대를 전해왔는지 모르고 있습니다. 원하오니 가르쳐 주십시오."

師 云古佛應世 已無數量 不可計也
사 운고불응세 이무수량 불가계야

今以七佛 爲始 過去莊嚴劫
금이칠불 위시 과거장엄겁

毘婆尸佛 尸棄佛, 毘舍浮佛,
비바시불 시기불 비사부불

今賢劫 狗留孫佛, 狗那含牟尼佛,
금현겁 구류손불 구나함모니불

迦葉佛, 釋迦文佛 是爲七佛,
가섭불 석가문불 시위칠불

釋迦文佛 首傳第一摩訶迦葉尊者,
석가문불 수전제일마하가섭존자

"고불이 화신으로 세상에 나오신 것은 그 수가 한량없어서 가히 헤아리지 못하니 이제 7불을 처음으로 삼으면 과거 장엄겁의 비바시불과 시기불과 비사부불과 지금 현겁의 구류손불과 구나함모니불과 가섭불과 석가모니불이 7불이 되는데 석가모니불이 처음에 마하 가섭존자에게 전하셨으니,

第二 阿難尊者, 第三 商那和修尊者,
제이 아난존자 제삼 상나화수존자

第四 優波麴多尊者, 第五 提多迦尊者,
제사 우바국다존자 제오 제다가존자

第六 彌遮迦尊者, 第七 婆須密多尊者,
제육 미차가존자 제칠 바수밀다존자

第八 佛駄難提尊者, 第九 伏駄密多尊者,
제팔 불타난제존자 제구 복타밀다존자

第十 脇尊者, 十一 富那夜奢尊者,
제십 협존자 십일 부나야사존자

十二 馬鳴大士, 十三 迦毘摩羅尊者,
십이 마명대사 십삼 가비마라존자

十四 龍樹大士, 十五 迦那提婆尊者,
십사 용수대사 십오 가나제바존자

十六 羅喉羅多尊者, 十七 僧伽難提尊者,
십육 라후라다존자 십칠 승가난제존자

十八 伽耶舍多尊者, 十九 鳩摩羅多尊者,
십팔 가야사다존자 십구 구마라다존자

二十 사耶多尊者, 二十一 婆修盤頭尊者,
이십 사야다존자 이십일 바수반두존자

二十二 摩拏羅尊者, 二十三 鶴勒那尊者,
이십이 마나라존자 이십삼 학륵나존자

二十四 師子尊者, 二十五 婆舍斯多尊者,
이십사 사자존자 이십오 바사사다존자

二十六 不如密多尊者, 二十七 般若多羅尊者,
이십육 불여밀다존자 이십칠 반야다라존자

二十八 菩提達摩尊者, 此土 是爲初祖,
이십팔 보리달마존자 차토 시위초조

二十九 慧可大師, 三十 僧璨大師,
이십구 혜가대사 삼십 승찬대사

三十一 道信大師, 三十二 弘忍大師,
삼십일 도신대사 삼십이 홍인대사

惠能 是爲三十三祖.
혜능 시위삼십삼조

제 이는 아난존자, 제 삼은 상나화수 존자, 제 사는 우바국다 존자, 제 오는 제다가 존자, 제 육은 미차가 존자, 제 칠은 바수밀다 존자, 제 팔은 불타난제 존자, 제 구는 복타밀다 존자, 제 십은 협 존자, 십일은 부나야사 존자, 십이는 마명대사, 십삼은 가비마라 존자, 십사는 용수 대사, 십오는 가나제바 존자, 십육은 라후라다 존자, 십칠은 승가난제 존자, 십팔은 가야사다 존자, 십구는 구마라다 존자, 이십은 사야다 존자, 이십일은 바수반두 존자, 이십이는 마나라 존자, 이십삼은 학륵나 존자, 이십사는 사자 존자, 이십오는 바사사다 존자, 이십육은 불여밀다 존자, 이십칠은 반야다라 존자, 이십팔은 보리달마 존자이니 이 땅에 초조가 되고, 이십구는 혜가 대사, 삼십은 승찬 대사, 삼십일은 도신 대사, 삼십이는 홍인 대사, 혜능은 삼십삼 조祖가 되는 것이다.

從上諸祖 各有稟承 汝等向後 遞代流傳 毋令乖悞.
종상제조 각유품승 여등향후 체대유전 무령괴오

위로부터 모든 대사께서 이와 같이 각각 이어 받으셨으니
너희들도 이 뒤에 번갈아 가며 전하고
틀리거나 그르침이 없도록 하여라.

大師 開元元年癸丑歲八月初三日 於國恩寺 齊罷
대사 개원원년계축세팔월초삼일 어국은사 제파

謂諸徒衆曰汝等 各依位坐 吾與汝別.
위제도중왈여등 각의위좌 오여여별

대사가 개원 원년(713년) 계축년 8월 3일에 국은사에서
재를 마치고 모든 대중들에게
"너희들은 각자 자기자리에 앉아라. 내가 너희들과 이별하리라."

法海 白言 和尚 留何敎法 令後代迷人 得見佛性.
법해 백언 화상 유하교법 영후대미인 득견불성

師言 汝等 諦聽. 後代迷人 若識衆生
사언 여등 체청. 후대미인 약식중생

卽是佛性 若不識衆生 萬劫 覓佛難逢.
즉시불성 약불식중생 만겁 멱불난봉

법해가 말씀드리길 "화상께서는 무슨 교법을 남기시어
후대에 미혹한 사람으로 하여금 불성을 보게 하시겠습니까?"
하니 대사가 "너희들은 자세히 들어라. 후대에 미혹한 사람이
만약 중생임을 알면 그것이 곧 불성이고
만일 중생임을 알지 못하면 만겁동안 부처님을 찾아도
만나기 어려우니라.

吾今敎汝 識自心衆生 見自心佛性
오금교여 식자심중생 견자심불성

欲求見佛 但識衆生.
욕구견불 단식중생

내가 이제 너희를 가르쳐서 자기 마음의 중생을 알게 하고
자기 마음의 불성을 보게 하리니 부처님을 보고자 하면
다만 중생임을 알아라.

只爲衆生 迷佛 非是佛 迷衆生 自性
지위중생 미불 비시불 미중생 자성

莫悟 衆生 是佛, 自性 若迷 佛 是衆生.
막오 중생 시불, 자성 약미 불 시중생

중생이 부처를 미혹하게 한 것이지
부처가 중생을 미혹하게 한 것이 아니니,

자성을 만일 깨달으면 중생이 곧 부처요.

자성이 만일 어리석으면 부처가 바로 중생이니라.

自性 平等 衆生 是佛 自性 邪險 佛 是衆生.
자성 평등 중생 시불 자성 사험 불 시중생

자성이 평등하면 중생이 바로 부처고

자성이 삿되고 음험하면 부처가 바로 중생이니라.

汝等 心若險曲 卽佛 在衆生中 一念平直 卽是衆生
여등 심약험곡 즉불 재중생중 일념평직 즉시중생

成佛 我心 自有佛.
성불 아심 자유불

너희들의 마음이 만일 음험하고 그릇되면

곧 부처가 중생 가운데 있고 한 생각 평등하고 올바르면

곧 중생이 성불하는 것이다.

自佛 是眞佛 自若無佛心 何處 求眞佛.
자불 시진불 자약무불심 하처 구진불

네가 부천데 자기가 스스로 깨닫지 못하고

어디에 내 부처가 있느냐.

汝等 自心 是佛 更莫狐疑. 外無一物 而能建立.
여등 자심 시불 갱막호의 외무일물 이능건립

皆是本心 生萬種法.
개시본심 생만종법

누구든 네 마음이 부처라는 걸 절대로 의심하지 말라.

마음 밖에는 한 물건도 없는데 무엇을 세우랴.
마음의 본성이 두루 만 가지 법을 내는 것이다.

故 經 云心生 種種法 生 心滅 種種法 滅.
고 경 운심생 종종법 생 심멸 종종법 멸

그러므로 경經에
"마음에 따라 수많은 법이 생기고
마음이 없어지면 온갖 법이 없어진다."
하셨느니라.

吾今留一偈 與汝等別 名自性眞佛偈.
오금유일게 여여등별 명자성진불게

後代之人 識此偈意 自見本心 自成佛道. 偈 曰.
후대지인 식차게의 자견본심 자성불도 게 왈

내가 바로 한 게송을 남기고 너희들과 이별하리니
"자성진불게自性眞佛偈"라 이름 한다.
후세의 사람이 이 게의 뜻을 알 수 있다면
스스로 본심을 보고 스스로 불도를 이루리라."

眞如自性 是眞佛 邪見三毒 是魔王.
진여자성 시진불 사견삼독 시마왕

진여자성이 참 부처요
삿된 소견과 탐貪 진瞋 치癡 삼독이 마왕이다.

眞如自性 : 우주宇宙 만유萬有의 실체實體로서 차별이 없는 평등성平等性을 본래 갖추고 있는 성품性品

邪迷之時 魔在舍 正見之時 佛在堂.
사 미 지 시 마 재 사 정 견 지 시 불 재 당

삿되고 어리석을 때 악마가 집에 있고
모든 법을 바르게 보는 때에는 부처가 방에 있네.

性中邪見三毒生 卽是魔王 來住舍.
성 중 사 견 삼 독 생 즉 시 마 왕 내 주 사

성품에 삿된 소견으로 삼독이 생기면
바로 마왕이 집에 와서 살고.

三毒 : 탐貪 진瞋 치癡

正見自除三毒心 魔變成佛眞無假.
정 견 자 제 삼 독 심 마 변 성 불 진 무 가

정견으로 스스로 삼독의 마음을 없애면
마魔가 변하여 부처가 되는 것은 거짓이 아닌 진실이다.

正見 : 모든 법諸法을 바르게 보는 것.

法身報身及化身 三身 本來是一身.
법 신 보 신 급 화 신 삼 신 본 래 시 일 신

법보화法報化 삼신불은 삼신이 본래 한 몸이다.

若向性中能自見 卽是成佛菩提因.
약 향 성 중 능 자 견 즉 시 성 불 보 리 인

그러므로 성품을 스스로 제대로 보면
바로 보리를 깨닫는 원인이다.

本從化身生淨性 淨性 常在化身中.
본 종 화 신 생 정 성 정 성 상 재 화 신 중

원래 화신은 깨끗한 성품에서 생기니

언제나 화신은 깨끗한 성품이네.

性使化身行正道 當來 圓滿眞無窮.
성 사 화 신 행 정 도 당 래 원 만 진 무 궁

성품이 화신으로 하여금 올바른 행을 하게 하면

다음에는 참으로 순조로워 다함이 없으리.

淫性 本是淨性因 除淫卽是淨性身.
음 성 본 시 정 성 인 제 음 즉 시 정 성 신

음란한 성품이 원래 깨끗한 성품의 원인이요,

음란함을 버리면 바로 깨끗한 성품의 몸이라.

性中 各自離五欲 見性 刹那 卽是眞.
성 중 각 자 리 오 욕 견 성 찰 나 즉 시 진

성품에서 제각기 스스로 오욕을 떠나면

깨달음은 찰나에 있으니 이것이 바로 진리니라.

今生 若遇頓敎門 忽遇自性見世尊
금 생 약 우 돈 교 문 홀 우 자 성 견 세 존

금생에 네가 우연히 돈교의 가르침을 받는 다면

홀연히 자성을 깨달아 세존을 보지만

欲修行覓作佛 不知何處 擬求眞.
욕수행멱작불 부지하처 의구진

수행하여 부처를 찾고자 한다면

어느 곳을 향하여 진리를 구할 것인가.

若能心中 自見眞 有眞 卽是成佛因.
약능심중 자견진 유진 즉시성불인

이러한 마음이 스스로 진리를 본다면

그 지식이 바로 깨닫게 되는 원인이라.

不見自性外覓佛 起心 總是大癡人.
불견자성외멱불 기심 총시대치인

자성이 아닌 밖에서 부처를 찾으면

마음의 일으킴이 큰 어리석은 사람이니라.

頓敎法門 今已留 救度世人須自修.
돈교법문 금이유 구도세인수자수

돈교의 가르침을 지금 남겨두니

사람들을 구제할 때 누구든지 스스로 닦게 하라.

報汝當來學道者 不作此見大悠悠.
보여당래학도자 부작차견대유유

너희들과 앞으로 진리를 배워 베푸는 사람들은

이러한 소견에 빠지지 않으면 크게 도움이 되리라.

師 說偈已 告曰. 汝等 好住.
사 설게이 고왈 여등 호주

吾滅度後 莫作世情 悲泣雨淚
오멸도후 막작세정 비읍우루

受人弔問 身着孝服. 非吾弟子 亦非正法.
수인조문 신착효복 비오제자 역비정법

대사가 게송을 마치시고
"너희들은 좋게 잘 살아라.
내가 가고난 후에 세상살이의 정으로 눈물 흘리거나
사람의 조문도 상복도 입지 않기를 바란다.
그렇게 하면 네 제자도 또한 정법도 아니니라.」

但識自本心 見自本性
단식자본심 견자본성

無動無靜 無生無滅 無去無來 無是無非 無住無往.
무동무정 무생무멸 무거무래 무시무비 무주무왕

그렇지만 스스로 본심을 알아서 자기의 본성을 본다면
동정動靜 움직임과 고요함도 생멸生滅 태어남도 멸도 없으며
거래去來 가고 옴이 없으며 시비是非 잘잘못도 없으며
주왕住往 머물거나 가는 것도 없는 것이니라.

恐汝等 心迷 不會吾意 今再囑汝
공여등 심미 불회오의 금재촉여

令汝見性 吾滅度後 依此修行
영여견성 오멸도후 의차수행

如吾在日 若違吾敎 縱吾在世 亦無有益. 復說偈曰.
여오재일 약위오교 종오재세 역무유익 부설게왈

걱정이 너희들의 마음이 어리석어서
나의 뜻을 알지 못할까 염려되어
다시 지금 너희에게 부탁하고
너희로 하여금 깨닫게 하니
내가 가고난 후에 이를 의지하여 수행하면
나와 같이 있는 것과 같을 것이고
그러나 나의 가르침을 따르지 않으면
비록 내가 세상에 같이 있다 한들
무슨 도움이 있겠느냐."
다시 게송을 읊으셨다.

兀兀不修善 騰騰不造惡. 寂寂斷見聞 蕩蕩心無着.
올올부수선 등등부조악 적적단견문 탕탕심무착

태연히 앉아서 선도 닦지 않고
당당하게 악도 짓지 않으니.
하는 일 없이 고요하고 보고 듣는 것이 없으니
사사로운 마음에 걸림이 없구나.

師 說偈已 端坐至三更 忽謂門人曰 吾行矣,
사 설게이 단좌지삼경 홀위문인왈 오행의

奄然遷化 于時 異香 滿室 白虹
엄연천화 우시 이향 만실 백홍

屬地 林木 變白 禽獸哀鳴.
촉지 임목 변백 금수애명

대사께서 게송 후 단정히 앉아 계시다가 삼경이 되자

홀연히 문인들에게 말씀하시기를
"내 간다." 하시며 조용히 천화遷化돌아가시니
그때에 이상야릇하게 좋은 향기가 방안에 가득하였고
흰 무지개가 대지에 솟고 숲에 나무들이 하얗게 변하고
금수禽獸 짐승들도 슬피 울었다.

十一月 廣韶新三郡官僚
십일월 광소신삼군관료

洎門人僧俗 爭迎眞身 莫決所之.
계문인승속 쟁영진신 막결소지

11월에 광, 소, 신, 세 군郡의 관료들과 문인 승僧 속俗이
서로 육조대사의 몸身을 모셔가려고 다투니
가야할 장소를 결정하지 못하였다.

乃焚香禱曰 香煙指處 師所歸焉 時 香煙 直貫曹溪
내분향도왈 향연지처 사소귀언 시 향연 직관조계

十一月十三日 遷紳龕 倂所傳衣鉢而回.
십일월십삼일 천신감 병소전의발이회

뜻밖에 향을 피우고 기도하기를
"향의 연기가 가리키는 곳이 조사께서 돌아가실 곳입니다." 하니
그때 향의 연기가 조계를 향하여 바르게 이어 가므로
11월 13일에 육조대사의 신감紳龕과 함께
전해 받은 가사와 발우를 옮겨 돌아왔다.

次年七月二十五日 出龕 弟子方辯 以香泥 上之
차년칠월이십오일 출감 제자방변 이향니 상지

門人 憶念取首之記 遂以鐵葉漆布 固護師頸
문인 억념취수지기 수이철엽칠포 고호사경

다음 해 7월 25일에 제자 방변이 신감을 꺼내어
관을 열고 좋은 향을 피우고 문인들이 머리를 취하리라는
예언을 생각하고 철판과 옻칠을 한 천으로
조사의 목을 단단히 보호하여

入塔 忽於塔內 白光 出現 直上衝天 三日始散
입탑 홀어탑내 백광 출현 직상충천 삼일시산

韶州 奏聞 奉勅立碑 紀師道行.
소주 주문 봉칙입비 기사도행

탑에 모시니 홀연히 탑에서 흰 빛이 나와 하늘로 뻗쳐오르고
3일 만에 비로소 사라지므로 소주자사가 조정에 아뢰었고
칙령에 의하여 비를 세워 대사의 도행道行을 기록하였다.

師 春秋 七十有六 年.
사 춘추 칠십유육 년

二十四 傳衣 三十九 祝髮 說法利生 三十七載.
이십사 전의 삼십구 축발 설법이생 삼십칠재

대사의 춘추는 일흔 여섯이었다.
스물넷에 의발을 이어 받으시고 서른아홉에 머리를 깎고
설법하며 중생을 이롭게 하신 것이 삼십칠 년이었다.

得嗣法者 四十三人 悟道超凡者 莫知其數.
득사법자 사십삼인 오도초범자 막지기수

법을 이어 받은 자가 43명이고

도를 깨달아 범부의 경지를 넘어선 사람은 부지기수였다.

達摩所傳信衣 中宗 賜磨衲寶鉢 及方辯 塑師眞相
달 마 소 전 신 의 　 중 종 　 사 마 납 보 발 　 급 방 변 　 소 사 진 상

幷道具等 主塔侍者 尸之 永鎭寶林道場
병 도 구 등 　 주 탑 시 자 　 시 지 　 영 진 보 림 도 량

달마로부터 전한 믿음의 징표로
가사와 중종이 주신 마납가사와 보배발우와
방변이 만든 조사의 진영과 그 밖의 도구들은
탑을 주관하는 시자가 맡아서 영원히 보림 도량에 두게 하고

流傳壇經 以顯宗旨 興隆三寶 普利群生者.
유 전 단 경 　 이 현 종 지 　 흥 륭 삼 보 　 보 리 군 생 자

단경을 전하여서 종지를 보이고 삼보를 이루어
널리 중생을 이롭게 하였다.

-부 록-

1. 천수천안 관세음보살 대비심 다라니경
2. 한글 대광명진언 기도
3. 12가지 참회진언

千手千眼 觀世音菩薩 大悲心 陀羅尼經
천 수 천 안 관 세 음 보 살 대 비 심 다 라 니 경

나모 라뜨나-뜨라야야 나마 아리야 발로끼떼스바라야 보디싸뜨바야 마하싸뜨바야 마하-까루니까야 옴 싸르바-바예슈뜨라나-까라야 따스마이 나마쓰-끄리뜨바 이맘 아리야발로끼떼스바라 바시땅 닐라-깐타 나모 흐라다얌 아바르뜨아이 씨야미-싸르바르타 싸다남 슈밤 아제얌 싸르바-부따남 바바-마르가-비숫다깜 따드 야타 옴 알로께 알로까-마띠로까띠끄란떼 헤 헤 하레 마하-보디싸뜨바 쓰마라 쓰마라 흐리다얌 꾸르 까르망 싸다야 싸다야 두루 두루 비자얀떼 마하 비잔얀떼 다르 꾸르 까르망 싸다야 싸다야 두루두루 비자얀떼 마하 비잔얀떼 다라 다라 다렌드레스바라 짤라 짤라 말라- 비말라아말라-묵띠 에히 에냐샤야 훌루 훌루 말라 훌루 훌루 말라 훌루 훌루 하레 빠드마-나바 싸라 싸라 씨리 씨리 쓰루 쓰루 부디야 부디야 보다야 보다야 마이뜨 레야 닐라-깐타 까마씨야 다르샤남 쁘라흐라다야-마나흐 쓰바하 씻다야 쓰바하 마하-씻다야 쓰바하 씻다-요게스바라야쓰바하 닐라-깐타야 쓰바하 바라히무카 씽하무카야 쓰바하 쓰바하 닐라-깐타야 쓰바하 바라 하무카 씽하무카야 쓰바하 쓰바하 닐라-칸타야 쓰바하 바라하

무카 씽 하무카야 쓰바하 쓰바하 닐라-칸타야 쓰바하 짜끄라-육타야 쓰바라 샹캬-빠드마-하쓰따야 쓰바하 찌그라-육타야 쓰바하 샹카-샵다네 보다나야 쓰바하 마하-라꾸따-다라야 쓰바하 마라-쓰칸다-디샤-쓰티따 끄리슈냐-지나야 쓰바하 비야그라-짜르마-니바싸나야 쓰바하

나모 라뜨나-뜨라야야 나마아리야발로끼떼스바라야 쓰바하
옴 씨디얀뚜 만뜨라-빠다야 쓰바하 (3번)

"이 신묘한 다라니에는 여러 가지 이름이 있으니,
그 한 이름은,
넓고 크고 원만하다 광대원만廣大圓滿,
걸림이 없는 큰 자비 무애대비無碍大悲,
수명을 늘려주는 연수다라니延壽陀羅尼,
불행한 삶을 없애는 멸악취다라니滅惡趣陀羅尼,
원을 이루는 만원다라니滿願陀羅尼,
마음대로 자재한 수심다라니隨心陀羅尼,
속히 깨닫는 속취상지다라니速趣上地陀羅尼,
이니 그 이름의 뜻처럼 그렇게 받아 지니라."

大光明眞言
대 광 명 진 언

나에게 대 우주의 둘도 없는 큰 보물인
대광명진언을 지니고 있다.

나에게 여의보주가 있으니 바로 대광명진언이다.
나에게 하늘과 통하는 보주가 있으니 대광명진언이다.
나에게 모든 일을 이루게 하는 멋진 방망이가 있으니 대광명진언이다.
나에게 복과 지혜를 불러들이는 미묘한 큰 보배가 있으니 대광명진언이다.

나에게 복과 운을 마음대로 할 수 있는
기묘한 화수분貨水盆**이 하나있으니 대광명진언이다.**

(옴)
진리의 근본이신 시방삼세 모든 부처님들과 불보살님들의 모든 행을 지극정성으로 따르겠습니다.

(아모카)
시방삼세에 화현하시어 모든 중생들을 교화하시는
불공성취불이시고 석가모니불이시며

(바이로차나)
밝은 진리로서 우주법계의 어둠을 여의고 만법을 생장시키는 대일여래시고 비로자나불이시며

(마하무드라)
우주법계 만법을 비추어 보시어 모든 중생들의 본래심인 보리를 증득케 하시는 아촉불이시며

(마니)
가뭄에 비를 내리듯 평등하게 중생들의 원을 성취케 하시는
보생불이시며

(파드마)
의심의 근원을 말과 행동으로 직접 나투시어 일체 중생들을
극락정토로 이끄시는 아미타여래불이시여

(즈바라)
원 하옵나니 시방삼세 모든 부처님들과 불보살님들의
자비광명으로

(프라바릍타야)

모든 중생들이 깨달음의 길로 나아가 다 함께 성불하여 지이다.

(훔)

시방삼세 모든 부처님들과 불보살님들께서 육도를 벗어나는 길을 인도해 주시니 참으로 감사하나이다.
감사하나이다. 감사하나이다.

- 전체 9번 -

대광명진언 정근

대 광명진언
옴 아모카 바이로차나 마하 무드라 마니
파드마 즈바라 프라바릍타야 훔
(일정한 시간 동안…)

懺悔眞言
참 회 진 언

몸으로 지은 죄

|

살생 중죄 금일참회

살생으로 지은 죄를 지금 모두 참회하고

※ **도산지옥** : 총, 칼, 기물 등으로 아무나 죽인 죄

날카로운 칼들이 촘촘히 있는 칼산에 떨어져 죽는 지옥

투도 중죄 금일참회

무고하고 도둑질한 죄 지금 모두 참회하고

※ **화탕지옥** : 아무나 비리 있다. 투고한 죄, 도둑질한 죄

물, 불, 기름, 약품으로 끓는 솥에 들어가 죽는 지옥

사음 중죄 금일참회

서로가 색을 탐하여 지은 죄를 지금 모두 참회하고

※ **한빙지옥** : 서로가 색을 탐한 죄

사계절 언제든 꽁꽁 얼어 죽는 지옥

입으로 지은 죄

망어 중죄 금일참회

거짓말로 지은 죄를 지금 모두 참회하고

※ **금수지옥** : 거짓으로 말한 죄

물고기, 소, 호랑이 등 축생으로 태어나 죽는 지옥

기어 중죄 금일참회

꾸밈말로 지은 죄를 지금 모두 참회하고

※ **발설지옥** : 거짓으로 꾸며 이간질 한 죄

혀를 길게 잡아 빼며 죽이는 곳에 태어나 죽는 지옥

양설 중죄 금일참회

선한 척 하면서 악한 말 많이 하여 지은 죄를 지금 모두 참회하고

※ **독사지옥** : 선한 척 하면서 악한 말 많이 한 죄

독사가 우글거리는 곳에 태어나 물려죽는 지옥

악구 중죄 금일참회

모질고 악한 말 많이 하여 지은 죄를 지금 모두 참회하고

※ **박도지옥** : 모질고 악하게 한 말 많이 한 죄

맷돌 등으로 갈아 죽이는 곳에 태어나 죽는 지옥

생각으로 지은 죄

탐애 중죄 금일참회

탐하는 마음으로 지은 죄를 지금 모두 참회하고

※ **철산지옥** : 살생, 도둑질, 사음 등 탐하는 생각을 한 죄

쇠와 쇠 사이에 끼어 죽는 곳에 태어나는 지옥

진에 중죄 금일참회

삿된 생각으로 속인 죄를 지금 모두 참회하고

※ **구애지옥** : 삿된 생각으로 속인 죄

말들이 사지를 묶어 끌어당겨 죽는 곳에 태어나는 지옥

치암 중죄 금일참회

부모나 스승의 재물을 훔치려한 죄를 지금 모두 참회하고

※ **흑암지옥** : 부모나 스승을 속이려 한 죄

땅, 물속 깊은 곳에 빛이란 없는 곳에 태어나는 지옥

행동으로 지은 죄

국가國家 중죄 금일 참회

나라에 지은 죄를 지금 모두 참회하고

(제일 큰 10대 지옥을 윤회 한다. 나라에 기둥인 국가의 녹을 받는 자(정치인, 공직자, 공공기관)가, 사리사욕을 채우고, 또, 사업가, 국가 유공자, 장애인, 영세민 등등 의 구실로, 세금을 면탈하고, 등등 요리 조리피해 가며 온갖 혜택 받은 죄)

부모父母 중죄 금일 참회

부모님께 지은 죄를 지금 모두 참회 합니다.

※ **무간지옥** : 부모님을 살해하거나, 부모님의 재산을 빼앗거나,
부모님을 버린 죄

(끊임없이 지독한 고통의 괴로움을 받는 '아비규환' 은 무간지옥의 다른 말인 '아비지옥' 과 '규환지옥' 을 합한 말로 참혹한 고통 가운데서 살려 달라고 울부짖는 지옥.)

육조단경

초판 발행 | 2015 년 7월 20일

지은이 | 求旼
펴낸이 | 신중현
펴낸곳 | 도서출판 학이사

출판등록: 제25100-2005-28호
주소: 대구광역시 달서구 문화회관11안길 22-1(장동)
전화: (053) 554~3431, 3432
팩스: (053) 554~3433
홈페이지: http://www.학이사.kr
이메일: hes3431@naver.com

ISBN _ 979-11-5854-001-2 93220

대구 남구 대명남로 20

* **마음수행원 구민사** (010 - 3728 - 5382)
* **마음수행원 보선사** (010 - 2483 - 5133)
* 네이버 검색창에서 '마음수행원 구민사' 또는 '마음수행원 보선사' 를 검색하시면 상세한 자료를 얻을 수 있습니다.